A espécie que sabe

Viviane Mosé

A espécie que sabe

Do *Homo sapiens*
à crise da razão

1ª edição

Rio de Janeiro
2024

Copyright © Viviane Mosé, 2024

Projeto gráfico de capa: Anderson Junqueira
Diagramação: Aline Martins | Sem Serifa

Todos os direitos reservados. É proibido reproduzir, armazenar ou transmitir partes deste livro, através de quaisquer meios, sem prévia autorização por escrito.

Texto revisado segundo o Acordo Ortográfico da Língua Portuguesa de 1990.

Direitos desta edição adquiridos pela
EDITORA CIVILIZAÇÃO BRASILEIRA
Um selo da
EDITORA JOSÉ OLYMPIO LTDA.
Rua Argentina, 171 – 3º andar – São Cristóvão
Rio de Janeiro, RJ – 20921-380
Tel.: (21) 2585-2000.

Seja um leitor preferencial Record.
Cadastre-se no site www.record.com.br
e receba informações sobre nossos
lançamentos e nossas promoções.

Atendimento e venda direta ao leitor:
sac@record.com.br

Impresso no Brasil
2024

CIP-BRASIL. CATALOGAÇÃO NA PUBLICAÇÃO
SINDICATO NACIONAL DOS EDITORES DE LIVROS, RJ

M868e

Mosé, Viviane
A espécie que sabe : do homo sapiens à crise da razão / Viviane Mosé. – 1. ed. – Rio de Janeiro: Civilização Brasileira, 2024.

ISBN 978-65-5802-154-4

1. Filosofia. 2. Pensamento. 3. Raciocínio. 4. Razão. 5. Consciência. I. Título.

CDD: 128
CDU: 128

24-92856

Gabriela Faray Ferreira Lopes - Bibliotecária - CRB-7/6643

Para Davi

"Temos necessidade da arte,
mas só precisamos de uma parte do saber."

Friedrich Nietzsche,
Fragmentos póstumos, 19 (49)

A primeira edição deste livro se deu em 2011 com o título *O homem que sabe – Do* Homo sapiens *à crise da razão*, e foi reeditado diversas vezes com o mesmo título. No entanto, as grandes e rápidas mudanças que têm marcado nosso tempo têm trazido com elas a exigência de novas palavras. Não queremos mais que o poder masculino, que guiou os séculos até esta exaustão contemporânea, se perpetue na linguagem. A palavra *homem* não pode substituir a palavra *humano* ou *humanidade*, sustentando a exclusão do feminino. Acatando e afirmando essa questão, este livro passa a se chamar a partir de agora *A espécie que sabe – Do* Homo sapiens *à crise da razão*. E a palavra homem, quando usada no sentido de espécie, no decorrer do livro foi substituída por ser humano, ou apenas humano. Em citações de outros autores permanece o texto original. Agradeço e louvo o movimento feminista por isso.

SUMÁRIO

Prefácio — 13

Introdução: Um ensaio sobre o pensamento — 19

Parte I. O *Homo sapiens* e a consciência da vida

Capítulo 1: A consciência da morte e
o princípio do pensamento organizado — 29

Capítulo 2: A humanidade nasceu da lei:
erotismo e transgressão — 41

Capítulo 3: Linguagem e consciência — 51

Parte II. O primeiro modelo ocidental de pensamento: a mitologia grega

Capítulo 4: Um esboço do mundo — 67

Capítulo 5: Epopeia e tragédia — 71

Capítulo 6: Apolíneo e dionisíaco83

Capítulo 7: O *agon* grego: a vida como uma luta sem fim95

Parte III. O segundo modelo de pensamento: a razão ocidental

Capítulo 8: Do mito ao *logos*: a vontade de verdade103

Capítulo 9: O devir e o ser107

Capítulo 10: A cidade, a palavra, a filosofia113

Capítulo 11: A razão como linguagem121

Capítulo 12: O sujeito moderno: identidade, unidade, princípio133

Parte IV. Um conceito ampliado de razão

Capítulo 13: Hume e Kant149

Capítulo 14: Schiller e a educação estética159

Capítulo 15: Nietzsche e o niilismo da cultura: vontade de nada167

Capítulo 16: A educação e179

Anexo

Consideração intempestiva: Schopenhauer educador193

Posfácio199

Referências bibliográficas201

PREFÁCIO

"Não quero faca, nem queijo. Quero a fome."

Adélia Prado

Este livro apresenta um modesto e singelo caminho traçado no tortuoso território do pensamento. O que apresento aqui são as marcas de uma trajetória, os livros e autores, os conceitos que finalmente se tornaram parte do meu próprio pensamento, conceitos enfim vitoriosos no campo de batalha, mas também na dança que caracteriza o pensamento argumentativo, a filosofia, a ciência. O livro busca apresentar as questões que foram sendo colocadas, os diversos sentidos articulados durante anos de estudo, tendo em vista a conquista de um lugar, um espaço discursivo, um mínimo respiro nesta complexa trama do pensamento e da linguagem.

Apresentar esta trilha, mesmo que tênue, possibilita uma visão do processo, mas, mais do que isso, este pequeno livro comete a heresia acadêmica de percorrer 2,5 milhões de anos em pouco mais de duzentas páginas, o que faz com que tenha de ignorar uma infinidade de questões, mas, ao mesmo tempo, por isso mesmo, nos permite uma visão de conjunto: a própria humani-

14 | Prefácio

dade se olhando de fora, desde o seu pretenso "nascimento" e se perguntando: "Quem somos? Como chegamos até aqui?" Esse modo de perguntar foi o gatilho instaurado por Nietzsche, que se autodenominava "um psicólogo da cultura".

Não comecei minha trajetória no *Homo sapiens*, que é onde o livro começa, mas em Nietzsche, que me foi apresentado em uma aula na Universidade Federal do Espírito Santo, quando mal tinha completado 17 anos. A aula era de filosofia, algo que eu mal sabia o que era, e o professor discutia a relação entre racionalismo e existencialismo. "Se a razão conclui: penso logo existo", ele dizia, "o existencialismo pode concluir: existo, logo penso." Essa inversão de perspectivas me fez delirar, que coisa incrível, pensei, as diversas camadas que tem o pensamento, e eu quero habitá-las, conhecê-las, exercê-las. Quero conhecer este sofisticado universo propriamente humano, explorar suas potencialidades. E essa inversão do pensamento, essa coragem, encontrei em Nietzsche.

Afinal, se passaram mais de trinta anos e nunca saí dali, daquela sala de aula, daquela pergunta, daquele lugar de onde nasce a pergunta. Fiquei com a fome em si, fiquei com o vazio na alma que anseia por respostas e por novas perguntas sempre. Restou a vontade de construir este ambiente, de revisitar esta tensão entre vida e pensamento, este aperto no peito, esta alegria que nasce da coragem de conviver com aquilo que a humanidade produziu de melhor: sua arte, sua cultura, seu universo conceitual e simbólico. Essa tentativa de retorno reacende uma busca que ainda hoje permanece, no momento em que escrevo este livro, a alegria e a ousadia de pensar, a coragem de colocar tudo em questão com

A espécie que sabe | **15**

o objetivo de abrir espaço para o novo, para o que vem, para o agora, o instante, o presente.

A *espécie que sabe* propõe uma linha provisória e pontilhada, constituída antes de tudo por pausas, que parte do *Homo sapiens*, com a sua consciência da morte, e busca chegar até aqui, este presente esgarçado e tenso em que vivemos. Essa busca é um retorno ao que teria sido o nosso princípio, mas sabemos que não há começos, especialmente se partem de um ponto. O que temos é um campo de forças, uma rede de tensões que eternamente se transmuda. É em busca, portanto, não de um princípio, mas desses campos que nos constituíram, que este livro se lança. "Quem somos?" é a pergunta, ou seria: "O que nos tornamos?"

Parto da consciência como desdobramento moral, a virtualidade da memória que agora nos permite ver a nós mesmos de fora, que nos permite nos avaliar. Somos mortais, é a primeira consequência da consciência. Discuto a aquisição de limites por essa consciência e o nascimento dos princípios e valores como ordenação das condutas, a partir daí apresento os dois primeiros modos de relacionamento desse conjunto de valores, palavras e discursos que vão surgindo.

A mitologia grega é um primeiro grande sistema de pensamento no Ocidente, fundado na arte, na ficção. Por meio dos mitos, da mediação artística, ficcional, a sociedade grega se ordenava. Já o segundo modo de ordenação, muito mais sofisticado, a razão, parte da afirmação da verdade, que afirma o Ser e não a mudança como fundamento de tudo; o imutável passa a ser o princípio, e a razão o modo de atingir esse Ser.

16 | Prefácio

Assim nasce a filosofia, da noção de ser como algo imutável, o bem, a verdade, mas a filosofia, felizmente, não se reduzirá a essa busca, e parte dela se dedicará a colocar a razão e a verdade em questão, como mais uma ficção, negando a preponderância da razão sobre a ficção, dos conceitos sobre o corpo, da essência sobre a experiência. Essa dualidade marcará a história do pensamento desde os pré-socráticos até hoje. Esse pensamento é rapidamente esboçado aqui, quando apresento um conceito ampliado de razão.

Junto à construção desse modelo de pensamento que termina por se impor, acontece também a ordenação da subjetividade, um modo de ordenação do raciocínio que se articula com um modo de ordenação psíquica, social. De um humano artístico para um humano racional, um modelo de humano que possa sustentar um modelo de raciocínio, de estratificação social, é a regra. Isso também é esboçado no livro.

Nietzsche, no final do século XIX, afirma que essa escolha que fizemos opondo arte e verdade, opondo vida e pensamento, tenderá a desabar, já que a vida é superior ao pensamento e, sendo soberana, não se submeterá a essa estratificação operacional proposta pela civilização. A razão é para Nietzsche o fundamento de todas as relações de dominação e exploração de uns sobre outros, essa questão perpassa todo o livro que termina por apontar para uma sociedade em rede onde a razão e a verdade desabam.[1]

---

1. Essa perspectiva contemporânea está presente no livro *Nietzsche hoje* e no artigo "O poder e as redes", do livro de Clóvis de Barros Filho, Oswaldo Giacoia Junior, Viviane Mosé e Eduarda La Rocque, *Política: nós também sabemos fazer*, p. 39.

Publicado pela primeira vez em 2011, este livro se orgulha de ser o compartilhamento de um processo, como se apenas dissesse: Veja, foi assim comigo, mas pode e deve ser de muitos modos, a partir de muitas perspectivas. Afinal, somos todos passos sobre a terra, deixamos rastros. O pensamento nos permite eternamente ler esses rastros, esses passos dados em suas diversas direções.

Vivemos a época da pós-verdade, e, com ela, a desintegração dos valores, das instituições, mas também do modelo de ser humano que criamos, especialmente desde o advento da razão; não exatamente da razão grega, mas da razão cartesiana, que instituiu o sujeito moderno. Somos ao mesmo tempo filhos da Modernidade e vítimas dela. Afinal, quem está em questão hoje, em última instância, é o ser humano, que vive um intenso processo de exaustão; depois e ao mesmo tempo que a exaustão ambiental, a exaustão do humano. O que, afinal, nos tornamos?

O objetivo maior deste livro é pensar o ser humano, suas idas e vindas, seus ganhos e retrocessos, a partir de algumas etapas que considero fundamentais para compreender esse impasse, esse precipício em que nos encontramos. E sempre tendo em vista a vida que um livro deve apontar; é preciso ler "livros que ensinam a dançar", diz Nietzsche. Que este pequeno livro nos estimule à vida.

INTRODUÇÃO

Um ensaio sobre o pensamento

> "A filosofia não pode isolar-se. Existe um ponto em que devemos alcançar o conjunto integral dos dados do pensamento, o conjunto dos dados que nos fazem estar e intervir no mundo."[1]

O mundo contemporâneo é o resultado de um acúmulo de construções, de invenções que tiveram, em sua maioria, o objetivo de arrancar o humano das malhas da natureza. Especialmente com a Modernidade, pensa Nietzsche, nasce uma cultura que quer se sobrepor à natureza, e um ser humano que acredita poder dominar a si mesmo, negando, pela via do pensamento, seus instintos e paixões. Esse ser humano racional, que tanto investimento recebeu da cultura, e do qual tanto já nos orgulhamos, por seus prédios de cimento e conceito, por suas técnicas elaboradas e sofisticadas sinfonias, nos levou também à violência, ao fanatismo, à exaustão do planeta. Em outras palavras, a humanidade que construímos, nestes últimos 100 mil anos de *Homo sapiens*, mesmo com suas inegáveis conquistas, mais do

---

1. Georges Bataille, *O erotismo*, p. 241.

20 | Um ensaio sobre o pensamento

que estabilidade e autocontrole, apresentou requintes de crueldade superiores aos da animalidade, da qual queríamos tanto nos livrar. Mesmo capaz de criar a fibra ótica, de clonar, o ser humano não deixou de exercer seu excesso e sua bestialidade. Isso, eu penso, nos impõe reconsiderar o começo: Quem somos? Ou, o que nos tornamos? E como gostaríamos de ser? Que valores queremos estimular ou rejeitar? O que buscamos?

Permanecemos, de algum modo, atados ao momento em que nossa humanidade nasceu. Apesar de todas as conquistas, não nos afastamos da violência, da brutalidade; as peripécias tecnológicas não eliminaram, ao contrário, evidenciaram nossa "dor sem corpo",[2] nossa angústia de animal que sabe, elabora, pensa. Vide o uso excessivo de medicações psiquiátricas, as neuroses sociais, os diversos fanatismos, as drogas. Não morremos mais tanto de tifo ou de febre amarela, mas de acidentes de trânsito, de latrocínios, de depressão, de sedentarismo, de obesidade... Permanecemos de algum modo presos ao princípio. Mas o processo de humanização nunca termina. O humano continua em processo, ele é o processo, ou a ponte, como diz Nietzsche no prólogo do *Zaratustra*. Então, não faz sentido falar em humanidade como finalidade, mas como uma constante transformação.

A Modernidade nos deixou como herança um enorme desenvolvimento tecnológico, mas nos deixou também uma absurda crise social, ambiental, econômica, por isso desmorona em consequência de sua própria exaustão. A sociedade moderna

---

2. Michel Foucault, "A loucura, a ausência da obra", in *Ditos e escritos*, vol. I.

que nasceu e se constituiu como promessa de futuro, um futuro melhor construído pela ciência, acabou de fato não privilegiando ninguém: diante da violência em grande escala e da iminência de desastres ecológicos, somos todos iguais. Ninguém está livre do caos social, do terrorismo. Não vivemos mais o mundo moderno, que se sustentou na ilusão de felicidade, de estabilidade, mas o mundo da desintegração, do desabamento da infinidade de construções que erguemos para sustentar a promessa de uma vida sem sofrimentos, sem perdas, sem morte.

Em meio aos destroços de um sonho, vivemos acuados, mas o que se desintegra não é o mundo, e sim um ideal de mundo e de ser humano que nasceu do medo do tempo e da morte, do horror diante do desconhecido. Movidos pela miséria e pelo pavor, construímos nossa civilização. Da negatividade, da reação, ela nasceu. Precisamos de uma cultura que seja produto de uma afirmação, que manifeste um desejo, uma paixão, um sonho, que seja um dardo lançado adiante.

O que me moveu na direção deste livro foi, antes de tudo, o período de exceção que, acredito, vivemos. Somos hoje herdeiros de projetos de mundo que prometiam vencer as desigualdades, eliminar o sofrimento e a angústia, controlar a natureza, mas essas expectativas desabaram, e continuam desabando. A exaustão desse modelo de sociedade, que nos fez acreditar em um futuro ordenado pela ciência, porém, não significa o surgimento de um projeto mais amplo. Como o desabamento desse modelo produziu rachaduras irreversíveis no modo como a sociedade se organizava, uma brecha, sem dúvida, se abriu, um ponto

22 | Um ensaio sobre o pensamento

de vazão capaz de fazer ruir relações e conceitos opressivos, permitindo uma nova configuração de forças e gerando novos acordos. Mas, para construirmos novos acordos, precisamos de novos conceitos. Ainda mais do que isso, precisamos de uma nova relação com o pensamento.

Nos meus anos de mestrado e doutorado, ouvi que fazer filosofia era impossível para nós brasileiros sem tradição. Talvez a filosofia seja hoje impossível mesmo, mas especialmente para quem tem tradição. Reinventar a possibilidade de uma cultura que desaba, desde seus pilares mais íntimos, é a tarefa, e ela é urgente, imediata. Mas com tantas verdades expostas nas paredes de suas cidades-museus, talvez seja difícil. Quem sabe, os *selvagens alegres*, os *exóticos* que hoje despontam com algum lastro de cultura e tecnologia, talvez exatamente nós, os livres, cujos corpos desfilam pelas ruas como se dançassem, tenhamos condição de romper o niilismo das tradições. Acreditar em um mundo possível e criá-lo é a tarefa, não de um ser humano, mas de uma cultura afirmativa, como penso ser a nossa.

Nós, os sem lastro, muitas vezes sem condições mínimas de sobrevivência, estivemos, desde o princípio, condenados a criar. Acostumados ao sofrimento, tornamo-nos fortes, resistentes, dotados de uma inteligência que insiste, sempre. Mas nossa criatividade, tipicamente brasileira, continua existindo apesar da escola, que nos ensina história da literatura antes mesmo de nos inserir no universo estético da escrita, do mesmo modo como iniciamos o estudo da gramática antes mesmo de termos consolidado a leitura. Síndrome dos subordinados que

A espécie que sabe | **23**

nasceram para decorar, repetir os gestos dos grandes, dos que pensam, dos filósofos, nós os pobres, os broncos.

Foi exatamente essa impossibilidade, a de fazer filosofia, que me impulsionou a escrever este livro: não me importa a tradição que não temos, importa a vida, os modos de vida que estamos por criar.

Estamos todos, hoje, condenados a inventar mundos menos desiguais, onde o valor da vida seja a grande moeda em vez da exploração, do consumo, da ausência de densidade humana e de alegria. É nessa direção, e com a liberdade que os momentos de exceção permitem, que sigo quando assumo aqui um discurso muitas vezes apenas soprado, entre a filosofia e a literatura. Impressões de leituras, interpretações que foram surgindo a partir de uma colagem de pensamentos, valores, conceitos que fui aprendendo nos livros, em geral de filosofia, e na maioria das vezes de Nietzsche. Mas também de Bataille, Schiller, Kant, Espinosa, Foucault, entre tantos outros.

Não é para conversar com a tradição, nem para trazer um conceito novo, não tenho essa pretensão, escrevo apenas na tentativa de enxertar no pensamento cotidiano conceitos que considero fundamentais para a vida. O que busco não é ensinar – não acredito que alguém aprenda o que de algum modo já não saiba ou intua –, mas estimular o pensamento, crítico e criativo, o pensamento vivo, por meio da filosofia, da literatura, da ação, da vida. Por isso, me interessa voltar ao momento em que nossa humanidade nasceu, como faço no primeiro capítulo; pensar em como o *Homo sapiens* foi tomando conta de si, como

24 | Um ensaio sobre o pensamento

se percebeu pensando, como foi tendo consciência da morte. São apenas algumas interpretações, mas que podem nos lembrar de algo que esquecemos, de algo que somos, se é que somos alguma coisa assim tão definida.

A percepção de si e do mundo é a fonte do sofrimento humano e de sua grandiosidade: ver, enxergar, interpretar. Por meio do pensamento o ser humano sofre, mas é também por meio dele que vai além de si mesmo e se supera. O pensamento é o tema deste ensaio, por isso abro discutindo a consciência da morte e sua relação com o pensamento consciente. A percepção da morte como aquisição do primeiro limite, o inexorável. A seguir, vou discutir essa aquisição de limites, que vem junto com o erotismo, vou falar de lei e de transgressão, para mostrar que essa relação também está presente no pensamento. Se por um lado pensar, no sentido de interpretar, é configurar e limitar a pluralidade do mundo, por outro, pensar é perverter essa realidade, que de fato não é nada mais que uma interpretação. Estou aqui com Georges Bataille. Depois discutimos o pensamento em sua relação com a linguagem e com a consciência, o nascimento da má consciência, mas falamos também da relação do pensamento e da linguagem com a vida, com os corpos, a partir de Nietzsche. A seguir, vou falar do surgimento de um primeiro modo estruturado de pensamento, a mitologia grega. O valor estético como o ordenador da cultura, não a razão. Do mesmo modo como erotismo e transgressão são faces da mesma moeda, como vimos com Bataille, também o são o apolíneo e o dionisíaco, instintos estéticos da natureza que se chocam e

A espécie que sabe | **25**

se complementam na tragédia grega, segundo Nietzsche. Aqui falamos de um pensamento que agrega, aproxima os opostos.

Discuto também, na sequência, o segundo sistema estruturado de pensamento, a racionalidade. Aqui, falo da razão e do nascimento da filosofia, relacionando especialmente os conceitos de ser e de devir. E busco mostrar de que modo a racionalidade ocidental se constituiu como uma lógica da exclusão, e como o fundamento de uma contranatureza. E termino a primeira parte falando do sujeito moderno, o modelo de subjetividade que ainda arrastamos, mas que começa a ruir. E entro, então, na segunda parte, em que aponto a necessidade de um novo pensamento, um novo modo de pensamento e de humanidade, que consiga romper com a lógica perversa que domina nossa linguagem. Trago agora um conceito ampliado de razão que começa com a provocação de Hume e se estrutura com a crítica kantiana. Oferecendo-nos três pilares de uma mesma razão, Kant possibilita, parece-me, o surgimento do pensamento estético de Schiller e a crítica da moral de Nietzsche, que coloca em questão o valor dos valores e que ampliam nosso conceito de razão. Influenciada pelos grandes educadores que são Nietzsche e Schiller parto, então, para a questão da educação, como espaço de reprodução desse modelo excludente, chamando atenção para a necessidade de repensá-la. Se temos que repensar o pensamento, o que deve ser colocado em questão, antes de tudo, é a escola.

O pensamento é nossa dignidade, porque nos permite vencer o sofrimento, não por meio da eliminação da dor como tem tentado a Modernidade, com suas infinitas fábricas de ilusão,

26 | Um ensaio sobre o pensamento

mas por meio de uma afirmação da vida em sua totalidade, ou seja, por meio de uma interpretação da vida que inclua o sofrimento. O ser humano deixa de ser arrastado pelo sofrimento quando o utiliza como impulso em direção a jornadas cada vez mais difíceis. O sofrimento é um impulso para a vida, e o que dignifica o humano é sua capacidade de afirmar aquilo que o aflige, invertendo a direção das forças. Todas as coisas podem ser interpretadas de infinitas maneiras. Essa maleabilidade do pensamento, ou seja, sua capacidade perspectiva, ficou adormecida em função do valor dado à verdade no pensamento ocidental, mas pode ser retomada. Ver o mundo a partir de novas perspectivas é a meta, não mais uma cultura que se componha desde seu princípio como uma contranatureza, mas uma cultura que tenha como alvo afirmar a vida, fortalecê-la.

Em vez de negar o sofrimento constitutivo de tudo o que existe, a cultura pode se dedicar a fortalecer o ser humano, tornando-o capaz de enfrentá-lo. Podemos vencer a dor sentindo-a plenamente, utilizando como estimulante a arte, em especial a música, o pensamento afirmativo, a contemplação da natureza, o corpo. O ser humano pode utilizar a dor como impulso para a vida, mas para isso precisa ter coragem de admitir seu vínculo e sua submissão à natureza.

Parte I

O *Homo sapiens* e a consciência da vida

CAPÍTULO 1

A consciência da morte e o princípio do pensamento organizado

"Não é preciso que o universo inteiro se arme para esmagá-lo [ao homem]: um vapor, uma gota de água, são suficientes para matá-lo. Mas, mesmo que o universo o esmagasse, o homem seria ainda mais nobre do que o que o mata, porque ele sabe que morre, conhece a vantagem que o universo tem sobre ele; e disso o universo nada sabe. Toda a nossa dignidade consiste, pois, no pensamento."[1]

Tudo indica que a consciência da morte foi a primeira manifestação da consciência humana. Quando teve certeza da morte, o ser humano também se deparou com a vida, em seu processo de renovação que traz sempre a exigência da morte; vida que nunca deixa de criar, mas sempre destrói tudo o que gera. A percepção da morte, a percepção da vida, como um ponto de vista, fez nascer o indivíduo no humano, o que o tornou distinto do conjunto da espécie. O indivíduo nasce da consciência de si. O humano é o ser que, a partir de si, avalia.

---

1. Blaise Pascal, *Pensées*, fragmento 347.

30 | A consciência da morte e o princípio...

Foi pouco antes da extinção do *Homo neanderthalensis* que a inumação passou a ser sistematicamente praticada; na mesma época, de 100 mil anos para cá, o *Homo sapiens* passou a ter como hábito enterrar e cultuar seus cadáveres. Isso significa que a morte já os ocupava, não somente como luta imediata pela sobrevivência, mas como projeção de seu próprio destino, como preocupação. O que nasceu, há cerca de 100 mil anos, foi uma diferenciação do cadáver em relação aos outros objetos. A consciência da morte nos impulsiona em direção à vida; a morte nos impõe a vida como um valor.

As outras espécies conhecem a morte e a evitam – a morte como uma ameaça, um perigo –, mas o fazem de forma instintiva; o que parece nascer com o *Homo neanderthalensis* e se evidencia no *Homo sapiens* é a consciência individual da morte como um destino inexorável, como futuro. "O problema mais pessoal que se pode pôr ao homem", diz Leroi-Gourhan, "é o da natureza de sua inteligência, pois que, em definitivo, ela somente existe pela consciência que cada um tem de existir."[2] É essa consciência que, a partir de um certo momento, vai surgir no desenvolvimento dos paleantropídeos; a inteligência ultrapassa o concreto ou a reflexão do concreto para exprimir sentimentos indeterminados. É esse tipo de inteligência, consciente de si e que vai além da sobrevivência, que caracteriza a espécie humana. A consciência da morte, a consciência de si, e a construção de mecanismos que buscam vencer a morte – mitos, ferramentas, religião, ciência –

---

2. André Leroi-Gourhan, *O gesto e a palavra*, livro I, p. 108.

ou que estimulam a vida, como a arte, vão marcar o processo de humanização desse animal incessante.

É possível dizer que o pensamento consciente tenha se manifestado a partir da incorporação dessa restrição insuportável, desse limite intransponível que permitirá, milhares de anos depois, a instauração da lei. A morte é o grande *não* que temos que engolir e aceitar se queremos continuar vivendo. Não é mais uma questão de instinto,[3] e sim a aurora do pensamento humano, que se traduz em uma espécie de revolta contra a morte.

O ser humano é o único animal que sabe que vai morrer, o único que tem a morte presente durante toda a vida, o único a ter um ritual funerário.[4] O *Homo sapiens* é o animal que *sabe*, e este *saber* se manifesta na consciência da provisoriedade da vida; o que nos constitui como espécie é, antes de tudo, a constatação da morte como o eterno limite. Se tudo nasce e morre, a vida é um intervalo entre uma coisa e outra. A incorporação desse primeiro contorno foi, possivelmente, o limite capaz de fazer nascer o pensamento. Pensar é um gesto que acontece no vazio cavado pela incorporação da morte. Ao mesmo tempo, ao ter consciência do limitado, o ser humano ganha também a percepção do ilimitado, do grandioso, do sublime.

Pensar é afirmar ou negar alguma coisa, é estabelecer um limite para a infinidade e a intensidade exuberante de coisas que nos cerca e constitui. Por isso, o pensamento está intimamente vinculado à

---

3. Edgar Morin, *O homem e a morte*.
4. Françoise Dastur, *A morte: ensaio sobre a finitude*.

interpretação, à definição de uma perspectiva, de um ponto de vista. Pensar é afirmar uma direção, um sentido, em vez de outros. Pensar é limitar o excesso, configurar, estabelecer um contorno, propor. Pensar é cortar, então pensar é criar. E criar é o modo afirmativo de se contrapor à morte; não por meio da permanência do objeto ou de sua imagem na memória individual ou coletiva, mas pelo puro movimento da criação. Se o ser humano é o único animal que sabe que vai morrer, ele também é o único que incessantemente cria, interfere, produz. O humano é um ser que cria valores, e a consciência da morte instaura o primeiro valor: a vida.

Por estar vinculado à consciência, o ato de pensar parte de um desdobramento: pensamos quando, ao mesmo tempo que vivemos, nos vemos vivendo, e temos consciência de que vivemos; o ser humano, há 100 mil anos se debruçando sobre a vida e se deparando com o fim, incorpora a morte ao mesmo tempo que permanece vivo. Por meio da contemplação ele se vê vivendo e morrendo, então age: luta, se reúne, constrói, se ilude, se diverte, se comunica... O ser humano não apenas vive, mas sabe que vive, porque se vê de fora e interfere em si mesmo, se transforma. O pensamento diz respeito à ação; pensar é agir.

O pensamento é uma dobra, uma flexão que o corpo realiza sobre si mesmo.[5] A ação vê a si mesma no espelho e se desdobra:

---

5. Afirmar o pensamento como dobra é negar a distinção entre mundo interior e exterior e afirmar o corpo como fundamento do pensamento, o que implica negar também a distinção corpo e alma. O conceito de dobra foi elaborado por Deleuze e diz respeito tanto a um espaço subjetivo quanto à inexistência de uma diferenciação entre o dentro e o fora. Esse conceito aparece em suas obras sobre Foucault (1986) e sobre Leibniz (1988).

A espécie que sabe | **33**

estou aqui escrevendo e, ao mesmo tempo, vejo-me escrevendo e modifico este texto, e assim sucessivamente. O corpo que se dobra produz um espaço subjetivo; a consciência, ou o pensamento consciente, é a dobra que o corpo faz sobre si mesmo, no sentido de se perceber, se interpretar, se elaborar. O pensamento nasce, nessa perspectiva, do jogo entre as simultâneas interpretações que as sensações produzem sobre si mesmas. Quando um determinado domínio se estabelece, nasce um sentido, um valor, uma palavra, um conceito.

Ao mesmo tempo, o ser humano sabe que está separado daquilo que o cerca, ele não apenas olha, mas interpreta, por isso é um animal que processa o que vive, digere, elabora. A possibilidade de configurar o mundo, de criar sistemas, de estabelecer modelos de conduta é resultado dessa capacidade da espécie de distanciar-se de si mesma, de posicionar-se em relação aos outros. Para Espinosa, a alma é a consciência que o corpo tem de si mesmo e de sua relação com as coisas; a alma é a ideia do corpo, mas é também ideia da ideia, porque é consciência de que é consciência de seu corpo. Então, pensar é ter consciência de alguma coisa e ser consciente dessa consciência. A consciência de si, pensada aqui como puro espelhamento de si, é o princípio do pensamento, do conhecimento, da alma. E a humanidade, eu penso, não adquire a consciência de si senão por meio do confronto com o todo, com o limite da morte e com o infinito do mundo.

Aristóteles afirma que o pensamento filosófico é um estado que nos atinge quando nos admiramos com alguma coisa,

34 | A consciência da morte e o princípio...

quando nos espantamos. A admiração, como uma primeira abertura para o mundo, nos revela o quanto o desconhecemos, e a nós mesmos, o quanto somos ignorantes. Todo pensar nasce do não pensar, o saber é uma necessidade que surge da consciência do não saber. A morte, como fundamento de todo desconhecimento, é a razão de ser do saber, eu penso, o impulso em direção à cultura.

Aristóteles considera, ainda, que todo conhecimento humano tem origem em um movimento próprio da natureza, que se regozija com os sentidos. "Todos os homens", ele diz, "por natureza, desejam conhecer. Uma indicação disso é o deleite que obtemos dos sentidos; pois esses, além de sua utilidade, são amados por si mesmos; e acima de todos os demais o sentido da visão. Pois não só com vistas à ação, mas, mesmo quando não vamos fazer nada, preferimos ver a tudo o mais."[6] O ser humano busca conhecer porque se deleita especialmente com a visão: ele não apenas olha, mas elabora essa visão, se regozija com ela. Conhecer faz parte da natureza humana, ele diz, do modo próprio como a espécie se relaciona com o mundo e consigo mesma.

A admiração nasce do distanciamento, do olhar consciente de si que percebe, distingue, interpreta. E o saber humano é antes de tudo a constatação do desconhecimento em que vive. Talvez seja isso o que queira dizer Montaigne quando afirma que a filosofia é um modo de aprender a morrer.[7] A consciên-

---

6. Aristóteles, *Metafísica*, livro A.
7. Título do capítulo XIX do livro I de *Ensaios*.

cia da morte é a revelação do imenso desconhecimento que caracteriza a vida. E os outros animais, porque não se admiram, permanecem presos à determinação natural. Já os seres humanos, mais do que ver, criam perspectivas, interpretam a si mesmos e ao mundo.

O cuidado com os mortos – não profanar os cadáveres, não permitir que sejam comidos pelos outros animais – é uma das primeiras e mais rigorosas restrições de que temos notícia em nossa cultura ocidental. Na *Ilíada*, poema homérico escrito cerca de oito séculos antes de Cristo, tão importante quanto defender a vida de um guerreiro era lutar pela preservação do seu corpo, para que pudesse receber as honras fúnebres. Cerca de três séculos mais tarde, a tragédia *Antígona*, de Sófocles, trataria exatamente desse tema: Antígona é enterrada viva em uma caverna, onde deverá permanecer até a morte, mas não abre mão de sepultar o irmão que, por trair a cidade, havia sido condenado a não receber o tratamento digno dado aos mortos.

Não permitir que o corpo humano sirva de alimento aos outros animais é dar um outro destino ao corpo, um valor. O que significa suspender a determinação natural pela ação: nasce o indivíduo. Mas também surgem restrições à sexualidade, o que reforça a necessidade da espécie de se libertar dos instintos: as restrições sexuais, em vez de impedir a sexualidade humana, a libertam, ao menos em parte, da escravidão instintiva. O impedimento moral liberta, em algum grau, o ser humano das cadeias biológicas da reprodução, fazendo nascer um outro tipo de aproximação, o desejo erótico, transgressor

36 | A consciência da morte e o princípio...

das proibições. O erotismo transgride as distâncias, aproxima, suspende a lógica, os conceitos, a linguagem, e devolve o ser humano ao ilimitado, àquilo de que ele teve que abrir mão para se constituir como indivíduo. Trataremos desse tema no próximo capítulo.

Ao se afastar, mais do que os outros animais, das condutas determinadas pela espécie, ao quebrar laços instintivos que determinavam sua conduta, o ser humano passou a estar condenado a uma estranha liberdade: ele deve agora limitar a si mesmo, deve construir para si mesmo as determinações antes impostas pela natureza. Era este o sentido da palavra liberdade quando surgiu na Grécia antiga. Os gregos não suportavam a perda de liberdade com relação a outros grupos; mas, antes de tudo, temiam se tornar escravos de sua própria natureza. Primavam, assim, pela contenção, pela sofisticação dos gestos, pelo autocontrole. Portanto, liberdade é um conceito que nasceu relacionado à conduta, à possibilidade de o ser humano exercer sua ação, especialmente sobre si mesmo, em vez de ser dominado pelas forças excessivas da natureza. O humano é um ser que cria limitações para si mesmo. Sua grande liberdade é dizer não a si mesmo.

"A natureza", diz Schiller, "não trata melhor o homem do que suas outras obras, ela age em seu lugar onde ele ainda não pode agir por si próprio como inteligência livre. O que o faz homem, porém, é justamente não se bastar com o que dele a natureza fez, mas ser capaz de refazer, com a razão e regressivamente, os passos que ela nele antecipa, transformar a obra da necessidade em obra de sua livre escolha e elevar a determinação física a determinação moral."[8] A liberdade do ser humano se encontra, aqui, pautada por uma relação com a natureza e não com a cultura, o que significa limitar os instintos e criar para si mesmo uma conduta. Agir é, antes de tudo, controlar seus próprios impulsos e paixões, dando uma direção às forças, o que significa se afastar da violência da natureza presente em seu próprio corpo.

Ser livre é ser capaz de estabelecer uma conduta em relação à totalidade, uma direção, mesmo que essa seja uma submissão: dizer "sim, eu me submeto" é um ato de liberdade, quer dizer, é a afirmação de uma submissão imediata em nome de uma liberdade maior. Mas essa concepção de liberdade foi sendo substituída à medida que a noção de conduta, de ação, foi se tornando um princípio em si mesmo: o eu, como princípio de ação, não quer mais agir na natureza, ele quer controlar a natureza, a si mesmo, o mundo. Falaremos sobre isso no capítulo "O sujeito moderno".

Nietzsche, assim como Schiller, afirma que a civilização se estabeleceu como uma negação da vida, como uma contranatureza, o que a vontade humana passou a manifestar foi uma vontade de negação. Para se afirmar, a cultura precisou submeter a natureza, ou acreditar que a submete, ao contrário de se aliar a ela, de completá-la ou de contemplá-la. A relação que predomina especialmente no Ocidente é a de confronto; o ser humano submisso, tentando vencer os obstáculos que a natureza impõe,

---

8. Friedrich Schiller, *Cartas sobre a educação estética da humanidade*, carta III.

38 | A consciência da morte e o princípio...

tentando dominá-la, mas o ser humano, este "animal que sabe", não pode se opor ao universo, ele é universo e permanece de algum modo atado à natureza, submetido a ela.

Negamos a natureza no campo que é seu de direito, diz Schiller, para afirmar sua tirania no campo moral. A força excessiva da natureza em nós, a violência que buscamos controlar por meio da moral, não desaparece, ao contrário, perdura; permanecemos exercendo nossa animalidade, agora por meio da palavra, da astúcia, da coação moral, da inteligência. A natureza não diz mais a primeira palavra, mas acaba dizendo a última, já que continuamos passionais, violentos, grosseiros. "A cultura, longe de dar-nos a liberdade, através de cada força criada cria também uma nova necessidade." A cultura se tornou uma nova natureza que, ao contrário de nos libertar, nos tiraniza.

O que o humano busca não é conhecer, como quer Aristóteles, diz Nietzsche, mas dominar a natureza, a exterioridade infinita que o domina, e a interioridade caótica de seus próprios instintos, sua animalidade. A vontade de saber termina por revelar uma vontade de substituição da vida pelos códigos: o que os seres humanos buscam não é conhecer, mas traduzir o desconhecido em conhecido; e se veem cada vez mais reduzidos à linguagem, aos conceitos, às imagens. A isso Nietzsche chama niilismo: a vontade de saber é uma vontade de nada. Veremos essa questão adiante.

É também nessa direção que Nietzsche caminha quando cria a ideia de uma má consciência. Em vez de um espelhamento, de um jogo afirmativo de percepções, de sensações que

A espécie que sabe | **39**

terminam por se constituir como um campo interpretativo, a consciência acabou se configurando como a instância de avaliação que inverte a direção das forças, fazendo nascer um ser humano reduzido a pensar, a calcular, em um jogo autodestrutivo e cruel: a força instintiva, antes dirigida para fora, passou a agir no espaço da interioridade e criou a maior de todas as doenças, "o homem doente de si mesmo".[9]

Da consciência à má consciência, do pensamento vivo, intenso, ao pensamento como lâmina cruel, como instância niilista: este é o caminho que buscamos trilhar e investigar neste livro.

---

9. Friedrich Nietzsche, *A genealogia da moral*, segunda dissertação. Voltaremos a esse tema mais adiante.

CAPÍTULO 2

A humanidade nasceu da lei:
erotismo e transgressão

> "Penso que o homem não tem possibilidade de esclarecer e esclarecer-se melhor se não dominar o que o aterroriza. Não quero dizer com isso que o homem deva esperar um mundo em que não haja razões de terror, em que o erotismo e a morte se encadeiem como peças de um mesmo instrumento, mas sim que o homem pode ultrapassar aquilo que o aterra, pode olhá-lo de frente."[1]

A luta do ser humano no mundo sempre foi contra a violência; por um lado, a força excessiva da exterioridade; por outro, a violência que também reconhecia em seus próprios impulsos e paixões. Toda luta humana contra os obstáculos à sua volta, os outros animais, a fome, as doenças, é também uma luta simultânea contra os excessos que dizem respeito a si próprio. O humano é um ser que teme a si mesmo, porque, de sua consciência, se percebe como parte desse mar excessivo que é a vida. Dirigir a intensidade dos movimentos,

---

1. Georges Bataille, "Prólogo", in *O erotismo*.

42 | A humanidade nasceu da lei

das paixões, ordenar os gestos, propor um alvo, construir um foco, elaborar os excessos são ações que remetem à necessidade de o ser humano dirigir o jogo de forças que o constitui, para, assim, ter alguma chance de vencer os infinitos obstáculos que a natureza impõe. É sempre por meio de uma dupla ação que o ser humano se relaciona com a vida, ao mesmo tempo que precisa se defender da violência da natureza, precisa conter e elaborar sua própria violência.

Segundo o filósofo e escritor Georges Bataille,[2] foi o trabalho que tornou os seres humanos relativamente estáveis. Como o trabalho exige um comportamento ordenado, os excessos e desequilíbrios, os impulsos sexuais não podem ser vividos no trabalho. Quando trabalha, o humano diz não aos seus desejos imediatos, porque se submete a algum tipo de disciplina em nome de uma satisfação futura. Construir um machado de pedra exige um investimento regular, contínuo, o que implica ser capaz de se privar de uma série de coisas, de dizer não a si mesmo; ao mesmo tempo, investir em uma direção exige potencializar essa ação, fortalecê-la. É esse jogo entre a satisfação e a privação com relação aos desejos que vai construindo essa humanidade da qual nos orgulhamos; dar vazão à sua potência natural, mas também contê-la, dirigi-la, como um modo de ordenação e ao mesmo tempo de potencialização dos gestos, é o desafio.

---

2. A argumentação central deste capítulo foi desenvolvida a partir das ideias do escritor e pensador francês Georges Bataille em seu livro *O erotismo*, uma contribuição inestimável para a história do pensamento. Podemos encontrar também um excelente comentário sobre a questão no artigo de Michel Foucault, "Prefácio à transgressão" (in *Ditos e escritos*, vol. III).

A espécie que sabe | **43**

Além do trabalho, um outro fator fez com que os seres humanos saíssem de sua primitividade inicial: ao mesmo tempo que começavam a trabalhar ordenadamente, impuseram a si mesmos restrições, quer dizer, proibiram a si mesmos determinadas situações e atitudes. Como vimos, essas proibições inicialmente diziam respeito aos cuidados com os mortos: dar um tratamento diferenciado ao corpo morto, não profanar os cadáveres, não os deixar à disposição dos outros animais foram restrições que marcaram nosso processo de humanização. Mas é possível que ao mesmo tempo tenham surgido restrições sexuais, proibições ao exercício livre da sexualidade. Sobre a sexualidade, os documentos são mais recentes e imprecisos, mas tudo leva a crer que o sexo foi um dos primeiros gestos a serem limitados.

Em geral nos relacionamos com as proibições, como uma imposição externa, desnecessária e sem sentido, ou com o propósito único de nos controlar e diminuir; vemos neles o mecanismo exterior que se impõe à nossa consciência, como se a natureza humana sozinha, livre das amarras morais, fosse em si mesma ordenada ou harmônica. Mas tudo acontece bem ao contrário: se não tivéssemos aprendido a controlar nossas paixões, não teríamos desenvolvido cultura, pensamento, linguagem, porque seríamos engolidos pelos ciclones de imensidades que nos atravessam e dominam. A condição para a constituição de um si mesmo é a adoção de limites, por isso a consciência da morte é, ao mesmo tempo, o nascimento do indivíduo, ou seja, de um ser que se distingue da espécie.

Sem as proibições, o humano não teria alcançado a clareza e a distinção necessárias ao desenvolvimento do pensamento consciente.

44 | A humanidade nasceu da lei

E este é o espaço propriamente humano: se os outros animais são movidos em grande parte por instintos, por ações predeterminadas, os seres humanos, ao contrário, nascem muito mais indetermina-dos,[3] mas eles devem construir para si mesmos determinações, como condição de manutenção e expansão de sua vida.

Foi somente suspendendo provisoriamente a satisfação dos desejos imediatos que a humanidade conseguiu desenvolver o pensamento. Mas, ao mesmo tempo que o limite permite conter, organizar, definir, ele também nos lança para o ilimitado, nos faz perceber o excesso, o infinito. Se eu, como indivíduo, sou este contorno, este limite, então o que não sou eu, o que está fora de mim é a totalidade, o excesso, o infinito. Enquanto aprendia a se proibir, a se conter, o ser humano também desenvolveu uma atitude oposta, a transgressão.

Se por um lado a proibição é necessária porque funda a ordem humana, porque organiza, disciplina o desejo, por outro, para dar

---

3. A relação entre os seres humanos e outros animais não pode ser abordada em termos de oposição entre instinto e inteligência, diz o paleoantropólogo Leroi-Gourhan, mas entre dois modos de programação que estão em continuidade. Na verdade, são dispositivos cerebrais muito distintos. Mesmo no caso dos animais invertebrados, como abelhas e formigas, podemos conceber um sistema no qual existe a possibilidade de uma certa escolha entre impressões tidas como equivalentes. E, no caso do humano, a possibilidade de escolha não é assim tão ilimitada, uma parte significativa de sua atividade é instinti-va; os dons intelectuais e físicos geneticamente adquiridos, por exemplo, são um correspondente dos instintos animais. Em outras palavras, não há uma oposição, um momento de ruptura das outras espécies em direção à espécie humana, mas uma continuidade. Os seres humanos têm uma estrutura mental mais complexa e mais aberta, que lhes permite uma indeterminação maior e maior espaço que podemos chamar de escolha. A consciência, que nasce com a linguagem, e se instaura como uma instância de avaliação, é uma exigência da ampliada capacidade que o aparelho mental dos seres humanos permite.

A espécie que sabe | **45**

conta do excesso, cada vez mais acumulado, como um modo de dar vazão ao que não pode ser contido, o ser humano deve permitir a si mesmo a transgressão. A proibição, na verdade, sempre parte do princípio de que em algum momento será violada; toda proibição não somente pode, mas deve, em determinadas situações, ser transgredida. A guerra,[4] por exemplo, não somente suspende a proibição do assassinato, mas o recomenda.

E a proibição, além de tudo, não impede que um determinado ato aconteça, o que faz é transferi-lo para o lugar do proibido, ou seja, o gesto proibido passa a ser exercido como transgressão. É este o lugar do erotismo: ao conter os movimentos sexuais, as proibições não buscam impedir a realização da ação, ao contrário, estimulam-na. Foi exatamente em função das proibições que nossa sexualidade se potencializou em erotismo.

O erotismo é o desequilíbrio que coloca nosso ser em questão. Se apenas nos submetemos à proibição, aos poucos nos esquecemos do que a fez necessária, ou seja, da razão por que foi criada, mas, no momento da transgressão, e só nesse momento, conhecemos a angústia do ilimitado, do infinito, que fundamenta a existência de todos os limites. A transgressão da proibição traz a angústia que fundou a proibição, ou seja, a transgressão justifica e fortalece a proibição, ela é, ao mesmo tempo, seu ultrapassamento e seu

---

4. "Os animais, que não conhecem proibições, nunca transformaram seus combates no empreendimento organizado que é a guerra. A guerra, numa determinada acepção, reduz-se a organização coletiva de movimentos de agressividade. Como o trabalho, a guerra é coletivamente organizada; como o trabalho, a guerra tem uma finalidade, corresponde ao projeto refletido daqueles que a conduzem" (Georges Bataille, *O erotismo*, p. 56).

46 | A humanidade nasceu da lei

complemento. Por isso, o erotismo, como atividade propriamente humana, é o ato de o ser humano colocar em questão seu ser, sua humanidade; quando transgride, suspende a lei, mesmo que provisoriamente. O erotismo é o gesto de experimentação dos limites, gesto que, muito mais do que uma escolha, é uma exigência necessária à continuidade dos próprios limites. É em torno desse paradoxo que de alguma forma Bataille sustenta sua compreensão sobre o erotismo: o erotismo é ao mesmo tempo a experimentação e a rejeição da condição humana, é seu desejo de ultrapassamento.

Se o conjunto de nossa vida fosse regulado por proibições e leis, perderíamos a força, a espontaneidade, a alegria de viver e seríamos transformados em coisas. O objetivo da lei e dos limites é conter, ordenar. As restrições não existem para impedir a vida, mas para permiti-la, potencializá-la. A animalidade – isso que por um lado queremos negar, mas a que por outro estamos fisiologicamente atados, esse excesso desordenado que permanece em todos nós – é aquilo que faz com que não possamos ser reduzidos a objetos. A humanidade, que conquistamos com tanto investimento, tende a nos transformar em autômatos. É o vigor, o excesso, o desequilíbrio que nos protege dessa robotização; a alegria, a dança, a sexualidade, o erotismo interferem nos gestos e se impõem, desmontando a seriedade e a sisudez, trazendo vida, intensidade, força.

Todos os animais se relacionam sexualmente, diz Bataille, mas, aparentemente, apenas os seres humanos transformam a atividade sexual, uma determinação biológica, em atividade erótica, produto da consciência e da cultura. O erotismo é uma atividade propriamente humana, exige uma experiência interior, exige consciência; ao mesmo tempo, é a parte do ser humano que mais proximidade tem com a animalidade, é o retorno ao excesso primordial que precisou ser negado para que a consciência existisse; uma tensão entre natureza e cultura é o erotismo.

O que o erotismo instaura em nossa vida é uma possível continuidade com os outros seres humanos, com a natureza, rompendo o isolamento a que cada um, como indivíduo, está fadado. Nossa ferida trágica, nossa dor constitutiva é que somos seres sozinhos: não estamos em continuidade com nossos pais nem com nossos filhos. Entre um ser e outro ser há um abismo, na impossibilidade de romper esse abismo buscamos senti-lo de perto, a partir da tentativa de retomar essa continuidade perdida.

O sentido do erotismo sexual é a fusão dos corpos, a supressão dos limites, a suspensão do isolamento e da solidão. Mas não é somente a sexualidade que produz erotismo. O amor é também erótico, mesmo quando não acontece a fusão dos corpos, porque nos oferece a substituição do isolamento e da solidão por meio de uma maravilhosa continuidade afetiva, moral entre dois seres. Mas também pode ser erótica nossa relação com a poesia, a música, o teatro, as artes em geral, na medida em que permitem a suspensão das regras, o delírio das formas e da imaginação. O que marca o erotismo é a relação do ser humano com a vida, é a possibilidade de o ser humano viver a vida sem limites, mesmo que isso somente possa durar alguns segundos, como num orgasmo.

O erotismo nos leva a colocar nosso ser em questão. Nosso ser é nossa humanidade, estruturada como limite, como forma, colocar esse ser em questão é experimentar o ilimitado; como atividade

48 | A humanidade nasceu da lei

humana é o enfrentamento da angústia, que tem aqui o sentido positivo de desejo de ampliação de si e de aquisição de contornos mais amplos. O que fundamenta a angústia é a consciência do excesso, que nos impulsiona em direção ao limite, como restrição da totalidade, como ordenação da violência. Mas a necessidade igualmente premente de transgressão dessas proibições nos impõe a expansão e o ultrapassamento daquilo que somos.

O erotismo, diz Bataille, é uma experiência de morte, porque é a experimentação da ausência de limites.[5] Uma morte vislumbrada, experimentada como potência e não como ato, mas que nos faz reencontrar uma unidade perdida com a vida. O erotismo reinstaura uma possível cena primitiva, sem a restrição e os limites trazidos pela consciência; como a ausência total de limites nos levaria à indeterminação, à morte, o erotismo, ao nos permitir morrer sem morrer, é uma experiência que potencializa a vida; não é à toa que os franceses chamam o orgasmo de *petit mort*.

O erotismo pode ser pensado como espaço intermediário entre o biológico e o cultural, um espaço de interrelação e não de oposição, que é capaz de contemplar a grande contradição que marca os seres humanos em seu processo de humanização: eles precisam de limites para se organizar, precisam de cultura, mas, ao mesmo tempo, precisam suspender provisoriamente esses limites, precisam exercer o excesso de vida que habita seus corpos,

---

5. "Sexualidade e morte são apenas os momentos culminantes da festa que a natureza celebra com a inesgotável multidão dos seres. Uma e outra têm o sentido do desperdício ilimitado a que a natureza procede contra o desejo de durar que é próprio de cada ser" (Georges Bataille, *O erotismo*, p. 54).

precisam da natureza e de seus excessos, para se potencializarem. É o que acontece na dança, nas festas, no sexo. O si mesmo é a vinculação do humano à lei; perder-se é retornar por um tempo à natureza, em seu fluxo: é essa duplicidade, essa contradição, esse paradoxo, o motor de nossa humanização.

Da mesma forma que o trabalho, o erotismo é condição sem a qual não nos tornamos humanos. Lei e suspensão provisória da lei, ou seja, lei e transgressão são duas faces da mesma moeda, e essa simultaneidade é o ser humano em sua eterna negação e afirmação de si, em seu eterno processo de autoconstrução. Se o ser humano é um ser moral porque se proíbe, ele é também um ser erótico, porque é capaz de potencializar, por meio do limite, o prazer. Canalizar as forças é potencializá-las; a espécie humana aprendeu a potencializar a ação quando teve que limitá-la. A lei impediu o correr do rio e formou uma represa que se tornou hidrelétrica. Esse salto do sexual para o erótico parece ser o trampolim da cultura. O erotismo é a saída estética, corporal, a solução afirmativa para nos fazer reencontrar a vida plena, sem a distinção da consciência e da individualidade, tão necessárias por um lado, mas tão redutoras por outro. Morrer um pouco em vida, incorporar a morte à vida, intensificar a vida por meio da consciência da morte, viver a vida em sua plenitude; o erotismo é uma das potencialidades que definem o humano como tal.

O movimento erótico, o mais intenso e contraditório dos movimentos que atravessa os humanos, não pode ser pensado como um dos aspectos de sua vida, senão como aquilo que os define como seres humanos. É o pensamento, ou o desdobramento de si

50 | A humanidade nasceu da lei

em imagens, em signos, que permite a experiência erótica; ao mesmo tempo, a experiência erótica é o fundamento do pensamento, o vértice em que se encontram corpo e pensamento, porque resulta da relação dos impulsos com a lei. Restrição sexual, cuidado com os mortos e trabalho foram o que fizeram com que o humano saísse de sua animalidade inicial. Tanto a restrição sexual quanto o cuidado com os mortos parecem representar a tentativa de se libertar da natureza: ao restringir o livre curso da sexualidade e instaurando o desejo, a cultura termina por suspender a determinação instintiva da reprodução como conservação da espécie; ao cultuar os mortos, impede que a espécie sirva de alimento aos outros animais, quebrando o ciclo da cadeia alimentar.

O ser humano nasce como uma força bruta, uma força criadora que é própria da natureza, mas que precisa da contenção da vontade humana, do limite da lei, para poder transbordar, para dar vazão àquilo de que é capaz. Mas a ordem não pode sobrepujar a força. A lei não pode ter como função impedir a participação do humano na vida. O objetivo da lei é permitir os afetos e o transbordamento das paixões, ao invés de impedi-los; por isso lei e transgressão são faces da mesma moeda. O pensamento resulta, portanto, de um afastamento da natureza, que pode estar fundado em uma afirmação ou uma negação da vida, mas o que marcou a cultura ocidental, diz Nietzsche, terminou por se tornar uma vontade de negação e substituição da vida, uma contranatureza. Um pensamento que retorne para a vida, um pensamento que afirme a natureza é o desafio.

CAPÍTULO 3

Linguagem e consciência[1]

> "Enquanto meio de conservação do indivíduo, o intelecto desenvolve suas forças principais na dissimulação; esta é, com efeito, o meio pelo qual os indivíduos mais fracos, menos robustos, subsistem, na medida em que lhes é recusada a possibilidade de luta pela existência com os cornos ou os dentes de um predador. Com o homem esta arte da dissimulação atinge o auge."[2]

O ser humano é um ser gregário, e sua capacidade de convivência vem de uma necessidade: sem grandes atributos físicos.[3] Frágil diante dos inúmeros desafios impostos por uma natureza exuberante, o ser humano encontrou a força de sua sobrevivência na vida em grupo. É o agrupamento, a reunião, que torna possível a continuação da espécie; portanto, foi a necessidade, diz Nietzsche, a penúria, que terminou por impor a vida em sociedade. Mas,

---

1. Cf. Viviane Mosé, *Nietzsche e a grande política da linguagem*.
2. Friedrich Nietzsche, "Sobre verdade e mentira no sentido extramoral", in *O Livro do Filósofo*.
3. Friedrich Nietzsche, *A gaia ciência*, aforismo 354.

52 | Linguagem e consciência

para viver junto, era preciso aprender a entrar rapidamente em acordo; foi a força da necessidade de comunicação, imposta pela vida em sociedade, que fez nascer a linguagem articulada; para entrarem em acordo, era preciso que se entendessem de forma rápida, que soubessem o que estavam dizendo.

Quanto maior o perigo, maior a necessidade de comunicação e acordo. "Entre todas as forças que até agora dispuseram do ser humano, a mais poderosa deve ter sido a fácil *comunicabilidade* da necessidade."[4] Mas os seres humanos também precisavam manifestar seus afetos, por necessidade, precisavam expressar suas angústias, cada vez mais potencializadas pela consciência da vida e da morte. A linguagem, de um modo mais amplo, não serve apenas à comunicação, ela está à disposição da expansão humana, de sua autossuperação, que surge da imposição dos limites e de sua necessária superação, como vimos.

Como uma ponte, a linguagem de signos é o que possibilita o salto para a ficção. "Não são palavras e sons arco-íris e falsas pontes entre coisas eternamente separadas?", diz Nietzsche no *Zaratustra*.[5] A linguagem permite ao humano brincar com o mundo, se sobrepor a ele por meio da ficção; ela não pode eliminar o abismo constitutivo que nos habita, somos seres vinculados à vida por um fio tênue que em algum momento se rompe, mas as palavras nos fazem dançar; fazem com que nos alegremos com elas. "Falar é uma bela doidice: com ela o homem dança sobre

---

4. Friedrich Nietzsche, *Além do bem e do mal*, § 268.
5. Friedrich Nietzsche, "O convalescente", in *Assim falou Zaratustra*.

A espécie que sabe | **53**

todas as coisas." Mas foi a busca por identidade e acordo, e não o movimento de superação de si, que, segundo Nietzsche, determinou os destinos da linguagem no Ocidente.

As palavras, seguindo a necessidade humana de contenção e limite, atuam como um tipo de contorno, de delimitação; elas se referem a um universo vivo, em pleno movimento, mas são signos fixos e dizem respeito a um universo restrito. Toda palavra nasce de uma restrição, de uma imposição: conseguir fixar um sentido é conter alguma coisa no meio das imensas correntes de sentido que nos chegam. A palavra humanidade, por exemplo, para que não caia em uma generalização vazia, para que possa fazer sentido, deveria envolver todo o processo que a compõe, desde seu nascimento até hoje, porque não há *uma* humanidade, mas infinitas, que se criam eternamente, mas isso é impossível. A vida é o que move, e toda palavra é uma restrição necessária.

Ao trazer a infinidade e a diversidade das coisas para um número limitado de sinais, a linguagem simplifica e esquematiza o mundo. As palavras partem da "identificação do não idêntico",[6] quer dizer, da necessidade de dar identidade às diferenças, de nivelar e igualar, para efeito de comunicação e acordo. A linguagem, diz Nietzsche, é produto de uma convenção, mas surgiu de uma

---

6. "Cada palavra torna-se imediatamente conceito pelo fato de, justamente, não servir para a experiência original, única, absolutamente individualizada, à qual deve seu nascimento, isto é, como recordação, mas deve simultaneamente servir para inumeráveis experiências, mais ou menos análogas, ou seja, rigorosamente falando, nunca idênticas, e só pode convir a casos diferentes. Todo o conceito nasce da identificação do não idêntico" (Friedrich Nietzsche, "Sobre verdade e mentira no sentido extramoral", in *O Livro do Filósofo*).

54 | Linguagem e consciência

experiência originária, na qual a atividade metafórica e artística humana se manifestou. Mas essa experiência foi esquecida, permanecendo o caráter convencional da linguagem.

Para que o sistema simplificado de signos pudesse representar a pluralidade múltipla e móvel que é a vida, era preciso que o ser humano esquecesse o mundo e se relacionasse cada vez mais com a linguagem. Foi graças a sua capacidade de esquecer que o ser humano conseguiu produzir esse sistema de substituição que se tornou a linguagem. As palavras não se relacionam com as coisas, mas com o universo simbólico dos signos; cada palavra remete sempre a uma outra palavra, cada sentido a um outro sentido, enquanto o mundo, de intensidades móveis, de pluralidades e mudanças, se mantém como um universo à parte. "O elemento artístico da linguagem é sempre dissimulado em proveito da verdade pretensamente objetiva que ela deve comunicar: o conceito."[7] Ao se submeter ao conceito e se afastar do terreno originário, da fonte em que nasceu, a linguagem se torna "signo do rebanho", quer dizer, um mecanismo de produção e reprodução do que é mediano, comum, ou seja, uma submissão das diferenças à identidade.

Ao mesmo tempo que surgia de modo articulado, a linguagem fez nascer a consciência, não no sentido de espelhamento de si, de desdobramento, como vimos no capítulo anterior, mas como um aparelho de linguagem e valores, uma instância de avaliação, um filtro, que passou a existir entre o ser humano e o mundo. É a rede de comunicação da linguagem que vai, cada vez mais, se

---

7. Michel Haar, *Nietzsche et la métaphysique*.

estabelecer entre os agrupamentos, que abrirá para os seres humanos o espaço da consciência como uma instância de avaliação.

Com o decorrer da vida gregária, o ser humano internaliza o mecanismo da linguagem na forma de consciência e acredita que esse mecanismo é o órgão humano responsável pelas decisões, avaliações, uma "instância superior". No entanto, a consciência é o lugar da semelhança, do nivelamento, da vulgarização. Por ser a valorização da linguagem, do pensamento, da tradução em signos de comunicação, a consciência diz respeito, exclusivamente, ao tornar-se rebanho, mediano, comum. A consciência é uma grade interpretativa que traduz a vida para um universo específico de conceitos e valores e se tornou a instância moral por excelência.

Mas não é somente o mundo que a consciência interpreta, ela permite, também, a avaliação de si mesma, a consciência de si. A interioridade da consciência instaura um processo que termina por gerar "a maior e mais perigosa de todas as doenças, o homem doente de si mesmo".[8] Nietzsche aponta duas origens para isso que chama de má consciência. Em uma delas ele vai mostrar que a vida gregária, nascida da necessidade de proteção e defesa, vai produzir uma grande transformação no ser humano, a mais radical que já houve, a que nele se produziu quando se viu acorrentado à argola da sociedade e da paz.

A ajuda mútua, ao instaurar condições cada vez mais facilitadas aos seres humanos, tornou desnecessária a força instintiva que antes era utilizada nas guerras, nas caçadas, na luta contra con-

---

8. Friedrich Nietzsche, *A genealogia da moral*, parte II, aforismo 16.

56 | Linguagem e consciência

dições adversas. À medida que se formaram os grupos humanos, desenvolveram-se também as forças repressivas a esses instintos, que, sem utilidade, voltaram-se para dentro. Interiorizados, no entanto, eles não perdem suas características; a mesma força do ser humano selvagem lutando contra perigos externos, em condições de paz, volta-se contra esse mesmo ser humano. "A ira, a crueldade, a necessidade de perseguir, tudo isso se dirigia contra o possuidor de tais instintos; eis a origem da 'má consciência'."[9] Um ser humano que se vê reduzido a pensar, a deduzir, a calcular, a combinar causas e efeitos, termina por produzir uma interioridade que se devora, se amedronta, pune a si mesma.

A má consciência, o sentimento de culpa, é um processo de autopunição que tem origem na tentativa de negação dos instintos: é a impossibilidade de manifestação, de materialização dos instintos, que produz a interioridade autopunitiva. Essa interpretação discute uma origem "orgânica" da má consciência, ou seja, é uma avaliação feita a partir da perspectiva dos instintos, das forças corporais. Mas Nietzsche se refere a uma segunda origem da má consciência, a que chamamos "moral": essa segunda interpretação, que também trata da negação dos instintos, avalia essa negação a partir de um processo de inversão de valores, produzida pelo judaico-cristianismo. O produto dessa inversão é a instauração do sofrimento e da fraqueza como valores superiores; o ser humano que pune a si mesmo é o mesmo que acredita na dor como forma de engrandecimento e elevação.

---

9. *Ibidem.*

A consciência nasce fundamentando uma interioridade que pretende controlar as forças instintivas, e nada mais faz do que inverter a direção dessas forças, lançando-as contra si mesma. Reação e não ação determinaram os rumos de nossa cultura. Segundo a concepção de Deleuze,[10] a reatividade das forças é determinada por um afastamento: quando uma força é privada de suas condições de exercício, ou seja, quando ela é impossibilitada de materializar-se em sua atividade, torna-se reativa. A consciência impede a realização da força, produzindo sua reação. Nesse sentido, a consciência é essencialmente reativa. Nietzsche utiliza a imagem do estômago, "'o espírito' se assemelha mais que tudo a um estômago",[11] para se referir ao papel da consciência: ela "digere", na medida em que assimila ou rejeita, selecionando, simplificando, reduzindo, processando. Esse aparelho de simplificação é apontado como possuidor de duas faculdades, a memória e o esquecimento. A capacidade de lembrar fixa as impressões, produzindo uma camada de sentido que funciona como um fundo ou um lugar de reconhecimento. A partir desse fundo, as novas impressões que chegam não são sentidas, mas reconhecidas pelas marcas mnêmicas; o que termina por produzir uma repetição, uma "digestão" do já sentido, um ressentimento.

É a memória que torna possível a promessa e, consequentemente, a responsabilidade e a culpa. Por meio da memória o ser humano fixa as leis e pode prometer. No entanto, como mostra Deleuze, se

---

10. Gilles Deleuze, *Nietzsche e a filosofia*, capítulo IV, item 8.
11. Friedrich Nietzsche, *Além do bem e do mal*, aforismo 230.

58 | Linguagem e consciência

a consciência procedesse somente da memória, haveria uma total inadaptação desse aparelho, já que ele produziria um encerramento na interioridade. É a outra faculdade, o esquecimento, que torna possível essa adaptação, abrindo a consciência a novas impressões. O processo produzido por esse aparelho de simplificação, esse estômago psíquico, tem, na faculdade ativa do esquecimento, a garantia de uma boa digestão. Nietzsche atribui a saúde psíquica a essa capacidade de fechar, de quando em quando, as portas e janelas da consciência. A faculdade de esquecer suspende, por alguns espaços de tempo, a atividade da consciência, dando lugar às funções mais nobres para governar, prever, pressentir.

É o exercício da faculdade do esquecimento que permite à interioridade ser invadida pela exterioridade, renovando o processo digestivo com a produção de novas configurações. É o esquecimento que torna possível a saúde, na medida em que é por meio dele que o humano volta a ser mundo, quando rompe, mesmo que momentaneamente, a linha divisória que deu nascimento à distinção interioridade/exterioridade. Nietzsche compreende a consciência como um sistema marcado por esses dois registros, mas apenas a memória foi historicamente positivada. Esquecer tornou-se apenas ausência de memória. A valorização da memória, necessária à fixação das leis, ao produzir um ser humano capaz de prometer, de ser responsável por seus atos, terminou por instaurar a deterioração do processo digestivo.[12]

---

12. A referência ao espírito como um estômago aparece em *Além do bem e do mal*, aforismo 230: "[...] conforme o grau de sua força apropriadora, de sua 'força digestiva', usando uma imagem – o 'espírito' se assemelha mais que tudo a um estômago".

A consciência não pode atingir a complexidade da vida porque ela é um aparelho de simplificação e redução. Nos faltam órgãos mais sutis que possam apreender a *"complexidade múltipla"*[13] que se encontra em todas as manifestações da vida. A consciência, com relação à pluralidade, representa um papel absolutamente superficial, supérfluo, está destinada, talvez, a desaparecer e ser substituída por um automatismo completo. Com a "frivolidade" do seu juízo, que marcou toda a produção conceitual humana, a consciência não levou ao total perecimento do ser humano devido, exatamente, a seu caráter superficial. Sua inferioridade com relação aos instintos impede que seus juízos negativos sobre a vida atinjam a complexidade das forças. Mesmo todo o aparato simplificador da consciência não é capaz de controlar os instintos determinantes da vida; em última instância, predominam a vida e seu jogo de forças.

Se por um lado a linguagem nos levou à má consciência, como uma instância de inversão das forças como reação, por outro, podemos pensar na linguagem como algo próprio da vida; mais ainda, como aquilo está presente no próprio modo de ser da vida não apenas do ser humano. O modo como as coisas se organizam no mundo orgânico, as complexas relações e trocas que acontecem nos corpos, podem nos levar a crer que exista algum tipo de comunicação que aconteça sem a consciência do sujeito que pensa. Isso não significa conceber uma célula como uma consciência, pensando como uma criança ou um adulto.

---

13. Friedrich Nietzsche, *Fragmentos póstumos*, 14 (145).

60 | Linguagem e consciência

Usar a palavra pensamento neste caso é admitir um jogo próprio dos corpos, que acontece por meio da comunicação. Basta pensar no cérebro em sua relação com os estímulos. O corpo é um complexo sistema de comunicação, e o pensamento consciente é apenas a superfície de uma comunicação maior que faz parte do modo de ser da própria vida.

A vida é um processo de comunicação e de interpretação infinitas, por isso, a linguagem humana, que se sustenta em uma convenção, é possível, porque sua função é traduzir uma comunicação muito mais ampla que acontece em função da vida orgânica. O ser humano, assim como toda criatura viva, pensa continuamente, e age em consonância ou dissonância com este movimento infinito que é o pensamento, mas não o sabe. O pensamento que se torna consciente é a menor parte, a mais superficial. O que chega a nossa consciência é aquilo que pode ser traduzido em palavras, em signos de comunicação. Então o pensamento consciente é o pensamento reduzido a signos. Mas a vida é um texto contínuo, e o pensamento não é uma atividade unicamente intelectual, que se dá através do cérebro; ao contrário, "todo organismo pensa, todas as formas orgânicas tomam parte no pensar, no sentir, no querer – por conseguinte, o cérebro é apenas um enorme aparelho de centralização".[14]

A vida é uma complexidade de acontecimentos que se superpõem, se significam, se interpretam, em uma retroalimentação infinita, em um jogo fascinante. A vida orgânica possui um sis-

---

14. Friedrich Nietzsche, *Fragmentos póstumos*, outono de 1884–1885, 27 (19).

tema complexo de comunicação, inclusive com signos próprios. O cérebro processa a infinidade de informações que chegam a partir das múltiplas interpretações que o corpo faz sobre sua relação com o mundo. O pensamento é o próprio mundo se aproximando e se afastando, compondo e desintegrando a si mesmo. E o ser humano, aquele que traduz uma ínfima parte desse complexo e infinito jogo para um sistema elaborado de signos, de sons, de gestos. O processo de significação é uma necessidade da vida orgânica, por isso, o pensamento acontece nos movimentos dos corpos e não sobre a identidade estável e rígida, a unidade, que queremos dar ao sujeito; ele é a complexidade das coisas se atraindo e se afastando, se interpretando, e o ser humano faz parte desse processo incessante e infinito. O ser humano é o produto da vida orgânica que atingiu o mais sofisticado sistema de codificação, de transmissão, de linguagem; ele é, na verdade, esse sistema. Mas tudo quer falar por meio dele, a própria linguagem quer se exercer.

O que significa que o pensamento, mesmo aquele que chamamos de racional, responde à força artística, criadora, presente em todas as coisas. A vida é sempre superior ao pensamento, é o que pensa Nietzsche, é ela sempre quem diz, em seu jogo infinito e incessante, por isso nossa sociedade ainda sobrevive, e não foi vítima desse processo castrador e limitado que chamamos de má consciência.

A linguagem surge, diz Nietzsche, e com ela a explosão comunicativa que é o ser humano. É a partir da criação desses canais de comunicação – como o pensamento por meio de pa-

62 | Linguagem e consciência

lavras, a comunicação das sensações, as diversas artes, a relação com a natureza, as possessões místicas – que ele vai criando novas modalidades de comunicação e discursos que desembocaram na rede em que hoje vivemos. Essa rede, que vem sendo tecida há 100 mil anos e tem a idade do ser humano, nasceu com a linguagem. O ser humano nasce com a linguagem; somos uma rede de comunicação, de transbordamento, de participação.

A força da comunicação, alimentada pela necessidade de manutenção e expansão da vida humana, foi o que possibilitou e impulsionou a cultura. Mas a cultura ocidental se constituiu como uma contranatureza. Podemos dizer que o universo conceitual humano, na medida em que se tornou cada vez mais a fixação de valores e de verdades, se sustentou não na manifestação, mas na negação da comunicabilidade transbordante, própria da vida. A comunicação humana em seu modelo lógico racional, que Nietzsche caracteriza como uma lógica da exclusão, se tornou a imposição de órbitas discursivas e conceituais, que em última instância negam, e não afirmam, a atividade própria, comunicativa, presente em tudo o que vive. Como se o ser humano quisesse calar a comunicação da natureza quando fala, escreve, se comunica.

O que o ser humano nega, em sua antinatureza, é a própria vida, o que ele quer é silenciar os afetos, as paixões, as pulsões; em outras palavras, o desconhecido, a pluralidade, a mudança, o tempo, em nome de um corolário de conceitos, de uma lógica da identidade, que se traduz em um esquema moral de interpretação do mundo. Em vez da vida, os signos, os conceitos, os valores, as palavras.

A espécie que sabe | **63**

> Como ser "razoável" o homem coloca agora sua ação sob a dominação das abstrações; deixa de sofrer por ser arrastado por impressões súbitas, por intuições; generaliza todas estas impressões em conceitos descoloridos e frios com a finalidade de ligar a estes o comportamento de sua vida e da sua ação. Tudo que distingue o homem do animal depende desta capacidade de fazer volatilizar as metáforas intuitivas em um esquema, logo dissolver uma imagem em um conceito.[15]

Foi em função da criação das categorias lógico-gramaticais do discurso que a linguagem passou a ser uma dispersão e não uma afirmação da força; em outras palavras, a lógica, como "escravatura nos laços da linguagem", impôs uma identidade ao discurso que não apenas nivela, mas diminui, enfraquece, submete. O tempo, as mudanças, o corpo, a diferença são relegados em nome de um sentido absoluto, idêntico a si mesmo, causal, único, considerado fora e acima de qualquer criação, de qualquer inscrição. Esse absoluto, centrado na noção de Ser, fundamenta a crença na identidade, razão de ser de toda gramática, fazendo com que se instaure em todo texto uma lógica da identidade, que sempre exclui as diferenças e que encontra suporte na posição de um sujeito estável, único, sem afetos, sem corpo.

---

15. Friedrich Nietzsche, "Sobre verdade e mentira no sentido extramoral", in *O Livro do Filósofo*.

Parte II

O primeiro modelo ocidental de pensamento: a mitologia grega

Parte II

O último modelo
ocidental de pensamento:
a filosofia grega

CAPÍTULO 4

Um esboço do mundo

> "O homem, em seu trágico destino, não pode fazer outra coisa senão gritar, não se lamentar nem se queixar, mas gritar a plenos pulmões aquilo que nunca foi dito, aquilo que antes talvez nem soubesse, e para nada: somente para dizê-lo a si mesmo, para ensinar-se a si mesmo."[1]

Com a linguagem cada vez mais estruturada, os seres humanos vão construindo canais cada vez mais complexos de comunicação e enunciação; o desenvolvimento da linguagem é também a ampliação do sistema cognitivo. Surgem os mitos, unidades de sentido complexas, que buscam, mais do que relatar, reter uma determinada parcela da realidade, fixá-la. Ao contrário de buscar explicar, como vai fazer a razão filosófica que virá depois, o mito, mais modesto, buscava apenas fazer com que se manifestassem essas forças com as quais se relacionava, como um modo de vê-las configuradas. Assim também fazia o ser humano primitivo, há 30 mil anos, desenhando nas paredes das

---

1. Albin Lesky, *A tragédia grega*, citando Jean Anouilh, p. 34.

68 | Um esboço do mundo

cavernas a caça, a guerra, o sexo, fixava o mundo como uma forma de obter algum poder sobre ele. É esse gesto, a pintura nas cavernas, que dará nascimento à linguagem escrita.

Mito pode ser qualquer história narrada, diz Bruno Snell, mas o mito não se limita àquilo que narra, o que faz é esboçar uma imagem, um símbolo, para se referir a uma realidade muito mais complexa, impossível de ser explicada. Por isso, está sempre sujeito a múltiplas interpretações. É possível que mesmo os próprios poetas vissem a lenda como um meio de expressão que ajudava a entender o mistério da vida mais do que a revelação de como as coisas realmente são; mas o provável é que tenha surgido de um psiquismo que ainda não distinguia o que via do que imaginava ou intuía. O mito é um modo de significação, uma forma, um modelo interpretativo, uma maneira de ler o mundo. Vinculado à arte, o mito termina por ser capaz de acessar uma parcela contraditória, exuberante do pensamento humano, por isso se mantém vivo, mesmo depois do nascimento da razão ocidental.

As primeiras aparições do mito, segundo Cassirer,[2] caracterizam-se pela criação dos deuses momentâneos, que não personificam forças da natureza nem características humanas, apenas manifestam forças que não chegam a se configurar como um mito propriamente dito e desaparecem tão rápido quanto surgiram. Os gregos chamavam essas forças momentâneas de *Daimon*, e mantiveram essa ideia mesmo depois de configurada

---

2. Ernst Cassirer, *Linguagem e mito*.

A espécie que sabe | **69**

sua complexa mitologia.[3] Nesses deuses imediatos, o fenômeno é endeusado, sem que intervenha nenhum conceito genérico. Ainda restritos a determinados setores, "expressam mais um certo fazer do que um certo ser". Já os deuses pessoais, personificados, ganham autonomia, ganham carne e corpo, ganham nome e são capazes de agir, de se alegrar e de sofrer como uma criatura humana. Na medida em que o atuar próprio do humano se estende a uma esfera cada vez mais ampla, o mundo místico e linguístico atinge uma organização cada vez maior, uma articulação ainda mais definida.

A mitologia grega é um conjunto de histórias narradas, de relatos e lendas, surgidos na Grécia entre os séculos IX a.C. e III d.C., aproximadamente. São as maiores fontes da mitologia grega: de um lado, Homero (IX–VIII a.C.), possível autor de dois grandes poemas épicos, a *Ilíada* e a *Odisseia*, e Hesíodo, que escreveu a *Teogonia*, na qual relatava o nascimento dos deuses; de outro, as tragédias gregas, escritas principalmente por Ésquilo (525–456 a.C.), Sófocles (497–406 a.C.) e Eurípides (480–406 a.C.).

Mesmo com suas enormes diferenças e contradições, a mitologia grega manifesta uma certa concepção de mundo, o que mostra que já existia um discurso estruturado, ordenado, mesmo que povoado por deuses e monstros, muito antes do nascimento da filosofia. Werner Jaeger,[4] em sua *Paideia*, defendendo a tese de que existe uma conexão orgânica entre mitologia e filosofia,

---

3. Sócrates, no século V a.C., dizia ouvir a voz de um *Daimon*.
4. Werner Jaeger, *Paideia: a formação do homem grego*.

70 | Um esboço do mundo

mostra como na mitologia já havia a necessidade de apresentar as causas e os motivos de uma ação; do mesmo modo, é ainda na *Teogonia* de Hesíodo que surge a ideia de uma cosmologia. A filosofia, sem deuses nem personalização dos elementos e por meio de um pensamento abstrato, busca uma explicação racional para a origem e a ordem do mundo, o *cosmos*, mas este todo organizado já existia no mundo mítico dos deuses. O que antes eram deuses, demônios, heróis, passa mais tarde a ser uma explicação racional, fundada em uma causa suficiente. O pensamento mítico grego, com suas complexas intrigas, com suas guerras e olimpíadas, possibilitou aos humanos a constituição de um espaço mental mais amplo. É nesse espaço complexo que a filosofia nascerá.

"O poder artístico da natureza, não mais o de um homem, revela-se aqui; uma argila mais nobre é aqui modelada, um mármore mais precioso é aqui talhado: o homem."[5]

---

5. Friedrich Nietzsche, *A visão dionisíaca do mundo.*

CAPÍTULO 5

Epopeia e tragédia

"Os heróis são tão sensíveis aos sofrimentos da humanidade como qualquer pessoa. O que os faz heróis é justamente o fato de sentirem o sofrimento intensa e intimamente, sem que este os subjugue. Amam a vida tão ardorosamente quanto nós outros, mas este sentimento não os domina a ponto de não poderem sacrificá-la quando o exigem os deveres da honra ou da humanidade."[1]

Homero é a referência mais remota que temos da cultura grega. Nem mesmo sabemos se ele existiu realmente, ou se é um nome para os vários poetas que teriam cantado a *Ilíada* e a *Odisseia*. O que existe sobre ele são relatos lendários; contam que era cego, e sete cidades disputam a honra de tê-lo como filho. Lendário ou real, Homero é a grande referência dos gregos no período épico de sua elaborada cultura. É a partir de Homero que o ser humano passa a ter consciência de seu espírito.[2]

---

1. Friedrich Schiller, *Teoria da tragédia*, p. 116.
2. Bruno Snell, *A descoberta do espírito*.

72 | Epopeia e tragédia

Na epopeia, diz Bruno Snell, são dois cenários que se desenrolam; de um lado, em um nível inferior, os seres humanos, com seus conflitos, suas lutas; de outro, em um nível superior, os deuses, divertindo-se com as questões humanas, tomando partido e se confrontando, inclusive entre si. O que acontece no nível dos deuses dá sentido e determina o que acontece no nível dos seres humanos, o nível inferior. Mas, diferentemente de nossa tradição judaico-cristã, esses dois níveis não são transcendentes, não dizem respeito a mundos distintos, mas são imanentes, tanto seres humanos como deuses os compartilham; habitado por deuses, o mundo é um lugar divino. Do mesmo modo, não há deus criador, o mundo nunca foi criado, ele sempre existiu, deuses e seres humanos, pedras, peixes, mares são diferenciações deste mundo hierarquizado, múltiplo, desde sempre.

O mundo dos deuses é, para os gregos, algo natural e evidente; tudo que há no mundo é deus, ou são deuses, o que faz com que o mundo seja ordenado, pleno de sentido e de beleza. Tudo que é grandioso, mesmo o conflito; a loucura ou o sofrimento encontram na epopeia uma expressão divinizada, límpida, ordenada. Todas as forças atuam de modo grandioso e ilimitado; não existem forças singulares que se sobressaiam para dominar outras, todas estão no seu lugar natural. Por isso, os gregos desconheciam a "vontade" humana como uma coisa maior que as outras. Para eles, quando o ser humano responde à vontade dos deuses, responde à vontade da vida como um todo, uma vontade temperamental, contraditória, instável, mas sobretudo divina. Ainda não existe ali a ideia de vontade humana, de interioridade,

A espécie que sabe | **73**

ou seja, o ser humano, como possuidor de uma vontade livre, não está presente. Os deuses são a medida de todas as coisas.

Em Homero, sempre que alguém toma uma decisão, isso acontece com a intervenção de alguma divindade. Ainda muito próximos da natureza, mesmo com sua sofisticada cultura, eles não acreditavam possuir em sua alma a origem das suas próprias forças. Para a epopeia o ser humano é indeterminado, porque é o resultado estético de uma conformação dada pelos deuses, que são muitos e imprevisíveis. Por serem a expressão das forças da vida, não eram bons nem estáveis, eram temperamentais e múltiplos, e viviam em eterno conflito. Mesmo depois do pensamento antropológico de Sócrates, não haverá na Grécia a concepção de um indivíduo autônomo e responsável por seus atos, senhor de si mesmo, assim como não haverá uma grande diferença ou distância entre o ser humano e a natureza.

O ser humano da epopeia jamais recorre a si mesmo quando precisa de força ou coragem, quando precisa de inteligência ou de beleza. Mas esta exterioridade dos deuses, este mundo ordenado e claro, não está fora do mundo, como acontece com o Deus cristão; ele é o próprio mundo, que, ordenado de modo belo e harmônico, funciona como filtro que separa o humano das forças excessivas e violentas da natureza. Em outras palavras, o "si mesmo" que o grego começa a vislumbrar, mas do qual ainda não tem consciência, é um "si mesmo" que está fora, que habita a exterioridade. Ao ser instigado pela epopeia a ser semelhante a algum deus, o ser humano homérico encontra uma gama muito vasta de possibilidades, que faz com que o

74 | Epopeia e tragédia

espelho subjetivo deste, que começa a se tornar indivíduo, seja extremamente sofisticado e singular.

Agora importa o indivíduo, o diferenciado; agora cada ser humano busca, pessoalmente, uma relação com os deuses que o diferencie, que o identifique; busca honra e vitória; busca ser cantado pelas gerações futuras. O heroísmo, a coragem, a beleza e a força, a bravura, a vitória, a eterna superação de si, a submissão aos deuses são cantados como valores supremos. É o heroísmo, a glória, o valor que diferencia os seres humanos, e é a partir da disputa que esses valores são estimulados. Mas tal individualidade não implica interioridade; o indivíduo aqui quer dizer apenas ser diferenciado dos outros, a partir de uma perspectiva exterior que são os deuses. A ideia de eu, como princípio de ação, como vimos, ainda não estava presente.

A epopeia faz nascer, explicitamente, um conceito de ser humano; por isso é um modo de subjetivação. Concebido como uma força entre as outras, o ser humano é pequeno, frágil, como uma folha ao vento, mas pode ser aparentado aos deuses quando se filia a eles, quando os honra e alimenta. A intensificação das forças pode acontecer, e o ser humano pode se tornar muito forte, muito belo, muito sábio, mas isso acontece a partir de fora; assim como é a partir de fora que acontece a ordenação subjetiva, o querer e seus limites, que estão sempre localizados na exterioridade.

O modelo maior da epopeia é o herói: em busca da glória, enfrenta a morte e a supera; assim exerce sua virtude e se fortalece. Quando o herói coloca sua vida em risco, diz Schiller, negando todos os interesses vitais e instintivos de autoconservação, ele

A espécie que sabe | **75**

afirma um princípio mais alto do que a natureza e instaura uma liberdade que anula a determinação natural. O herói é aquele que vence a natureza porque coloca voluntariamente sua vida em risco; em vez de temer a morte, ele a instiga e provoca, por isso, se fortalece. O que reina aqui não é mais um instinto de conservação; a honra, a liberdade, a coragem, a força, a ética, em síntese, os valores são mais importantes do que a vida. O herói e sua coragem de colocar a vida em questão, em nome de princípios, de valores, estimulam o ser humano grego adiante; movido pela coragem ele busca sempre ser melhor do que é. Percebendo na potência do herói a nossa própria potência, sentimos aumentada nossa força vital. A harmonia, a ordenação, o equilíbrio que a epopeia instaura no mundo por meio da criação dos deuses olímpicos se fundamenta no culto à beleza, como um modo de vencer o sofrimento. O Belo é a aparência equilibrada que nos faz esquecer as dores da vida, seus desequilíbrios e excessos.

Esse modelo de individualidade nasce de uma relação com a exterioridade, tem a multiplicidade e não a identidade como princípio, porque tem como referência o mundo múltiplo e contraditório dos deuses olímpicos. É a epopeia que vai fornecer os temas, os personagens, as intrigas, os heróis como modelos de virtudes, de valores para a tragédia que está nascendo.

As tragédias gregas, escritas para serem vistas e ao mesmo tempo ouvidas, quer dizer, encenadas, têm sempre como matéria a lenda heroica; como *As troianas*, de Eurípides, que apresenta a situação das mulheres depois que Troia perde a guerra para os gregos. Mas, agora, de um modo bastante distinto, não é mais

76 | Epopeia e tragédia

um relato, uma sucessão de acontecimentos, mas a representação viva de uma ação; nasce o teatro. Não se trata mais de criar um modelo, mesmo que complexo, trata-se da encenação de um conflito, de um eterno movimento que se perpetua indefinidamente, sem conciliação. O herói deixa de se apresentar como modelo para se tornar um problema.

Se a epopeia, como um relato, fornecia os temas, os personagens, as intrigas e apresentava os heróis com seus magníficos feitos, a tragédia, por meio da encenação dramática, coloca em questão não somente o herói, mas o indivíduo, que acabava de nascer na épica. A natureza chora, diz Nietzsche, sua repartição em indivíduos; a tragédia é o culto da vida inteira, plena, antes dessa divisão; a tragédia grega é a encenação da reconciliação necessária do ser humano com a vida.

Em vez de um conjunto de valores que alivia a dor de viver por meio da beleza, a tragédia, encenada pela primeira vez em 534 a.C., traz um espaço onde o sofrimento é não afastado, mas afirmado como parte integrante da vida. Ali, a contradição não encontra uma síntese; ao contrário, trata-se de uma contradição permanente, jamais conciliada. Por isso, em vez de acalmar, tranquilizar, como faz a beleza na epopeia, a tragédia encena o sofrimento do indivíduo, o explicita.

Por meio das obras dos tragediógrafos que ficaram para nós, Ésquilo, Sófocles e Eurípides, a tragédia encena o cerne da dor humana, os conflitos insolúveis que acontecem quando a vontade, que começa a emergir, se depara com a determinação da natureza, da exterioridade, expressa nos deuses olímpicos. Agora não se trata mais de um ser humano envolvido pela divindade e pela beleza, sendo determinado por elas; agora, fortalecido, o ser humano enfrenta essas forças, se confronta com elas por meio de sua "vontade", que ensaia seus primeiros passos, mas que ainda está longe de ser aquilo que hoje conhecemos.

A tragédia, em vez de dar lições de virtude, permite ao espectador experimentar, de forma lúcida, o cerne de sua existência moral com todos os seus conflitos. A vontade humana desafia as forças do universo e da história, e é tomada por um imenso sofrimento; mas, resistindo ao sofrimento, o ser humano encontra sua dignidade indestrutível.[3] A dor se origina da ferida trágica que marca a vida humana: é mortal, como folhas ao vento são porções finitas e provisórias, enquanto os deuses, o sol, a música, o amor, o ódio, a loucura, os raios são eternos, imortais. Mais do que isso, os seres humanos têm a consciência dessa transitoriedade e lutam para vencê-la, por isso o sofrimento nasce da duplicidade trágica, do conflito insolúvel entre os deuses, de um lado, determinando a vida dos seres humanos, e os seres humanos, de outro, lutando para serem os autores da sua própria vida.

A luta humana contra o destino é, na mitologia grega, uma luta contra as determinações do jogo de forças da exterioridade, especialmente da natureza. O objetivo é mostrar ao herói, em geral vindo da epopeia, que ninguém está livre do sofrimento, nem mesmo ele, semelhante aos deuses. O que surge, no plano da experiência humana, é uma consciência na qual o ser

---

3. Anatol Rosenfeld, "Introdução", in *Teoria da tragédia*, de Schiller.

78 | Epopeia e tragédia

humano e sua ação emergem, não como realidades estáveis, mas como problemas, questões sem resposta, enigmas à espera de serem decifrados.[4] Nasce um modo novo de o ser humano compreender a si mesmo, e se situar com relação aos deuses e aos seus próprios atos.

É na tragédia que surge pela primeira vez a vontade humana como princípio ativo, como ação. Agora o herói tenta desesperadamente agir, ele se revolta contra as determinações, os impedimentos, dos deuses ou dos seres humanos, e quer fazer valer sua vontade. Mas essa vontade que se esboça é sempre a causadora de sofrimentos cada vez maiores, por isso é sempre castigada pelos deuses. É o perigo da ação, do isolamento do todo, da negação da vida que parece estar sendo encenado na tragédia; o ser humano não pode negar seu destino, ele é natureza, mesmo que sua vontade algumas vezes prevaleça, ele é determinado pelo todo, pela exterioridade.

Essa vontade individual, na qual o humano se coloca como princípio da ação, não é somente rejeitada na tragédia, por meio da punição dos deuses; ao contrário, é, por ser retratada, também bastante estimulada. É na tragédia que pela primeira vez o ser humano desafia o destino em nome de uma vontade individual, mas ela é punida, é desestimulada. De qualquer modo, é na tragédia que a vontade, como princípio interior da ação, pela primeira vez é esboçada. Mas o que a tragédia de uma vez por todas busca

---

4. Jean-Pierre Vernant e Pierre Vidal-Naquet, "O Deus da ficção trágica", in *Mito e tragédia na Grécia antiga*, vol. II.

A espécie que sabe | **79**

ressaltar é o perigo da *hybris*, o excesso de si que tenta não apenas ser semelhante, mas superior aos deuses.

Essa questão do limite humano é marcante e muito presente no pensamento grego; mesmo na epopeia, que ainda se sustentava na beleza e na harmonia das formas, encontramos núcleos trágicos; por exemplo, na *Ilíada*, em que a desmedida de Aquiles, sua ira irremediável, termina por lançá-lo em um sofrimento profundo com a morte do grande amigo Pátroclo. E na *Odisseia*, que apresenta o imenso sofrimento de Ulisses, durante dez anos perdido no mar, tentando voltar para casa, para os braços de sua Penélope e de seu filho Telêmaco. Ulisses vence a Guerra de Troia não pela força, própria da natureza, mas pela astúcia, característica da inteligência e do ardil humanos. Homero faz com que Ulisses saia vitorioso da guerra por meio da astúcia, mas ao mesmo tempo reserva para ele sofrimentos terríveis nos dez anos que fica vagando pelo mar, dominado pelo deus Poseidon; como se quisesse mostrar o valor da inteligência, mas ao mesmo tempo atentar para os perigos dos deslimites humanos, no domínio da cultura e do pensamento.

O maior perigo humano, nos ensina a tragédia, é perder a noção do limite, já que a vontade individual, ao querer negar os deuses, sempre perde, os seres humanos são mortais, finitos. A mortalidade é o que diferencia os humanos dos deuses; perder a noção desse limite é o erro trágico que leva não à morte, mas ao sofrimento extremo. Por isso, os gregos criaram a tragédia, como um modo de educação, de formação humana, que tinha como função mostrar ao ser humano que ele é sempre frágil,

80 | Epopeia e tragédia

mortal, passível de sofrimento, e também que ele possui a vontade, uma força própria, singular de existir, e que pode tentar se impor no mundo, mas essa força não pode acreditar ser superior à vida, nem querer negá-la.

A função da tragédia é, enfim, por meio da ficção, confrontar o ser humano com o sofrimento, para que possa viver e se fortalecer com a dor inevitável, própria de tudo o que vive. Na encenação trágica, quem sofre é o personagem, não o público, mas o público sofre quando entra em contato com o sofrimento em si mesmo, que define a tragicidade da existência. Então ele sofre, mas mediado pela força viva e intensa da arte, que não traz apenas um desenrolar de ações, mas antes de tudo a música, a dança, as cores, a beleza. Ao relacionar o sofrimento a um acontecimento próprio da vida, o ser humano individual se liberta, porque se vê vinculado a um fenômeno que atinge a todos, ele não se sente mais só, nem mesmo quando está sozinho.

A tragicidade da existência não é nada que possa ser resolvido ou superado; é, ao contrário, o caráter próprio da existência humana: um ser mortal, que sabe que é mortal, que tem consciência da finitude e do limite. Mas, se por um lado o ser humano sofre porque sabe que vai morrer, ele também possui, como contraponto, o sentido estético, a arte, que é capaz de transfigurar esse sofrimento em alegria. Negar o caráter estético da existência é o mesmo que impossibilitar a vida afirmativa, marcada pela alegria de viver.

A tragédia, portanto, traz um modo de subjetivação que tem a manutenção da contradição como princípio, a eterna luta entre

A espécie que sabe | **81**

opostos, a tensão não conciliada. O devir, e não o Ser, é o eixo da subjetividade trágica, que valoriza a eterna tensão entre o indivíduo e a natureza.

Se a arte épica, com sua valorização da forma, do equilíbrio, bem como da coragem, do heroísmo, permitiu o nascimento do indivíduo, ou seja, se com a epopeia o ser humano começou a se diferenciar do todo como indivíduo, na tragédia grega ele encara, por meio do sofrimento, a necessidade de esquecer-se de si e de se ver reinserido na natureza. Por alguns instantes ele se torna uma obra de arte, e agora, com imensa alegria, é apenas parte da criação. Essa reinserção é necessária para o processo de retroalimentação humana que precisa negar a natureza para depois retornar a ela, e reafirmá-la. A epopeia afasta, distancia, permitindo o olhar de fora, a perspectiva, enquanto a tragédia aproxima, retorna à fonte da vida, por isso intensifica, fortalece e completa o movimento necessário da cultura.

Os modelos subjetivos que a epopeia e a tragédia instauraram podem ser pensados como modelos que privilegiam a exterioridade, a multiplicidade, a instabilidade, o conflito. Essa tensão rica, criativa, potente, ao mesmo tempo difícil e arriscada, será substituída por uma subjetividade linear, pautada na unidade, na identidade, na estabilidade, que, para existir, se sustenta na exclusão de uma parte de si mesma. É somente excluindo tudo que seja conflito, desconhecimento, estranhamento, em outras palavras, afeto, que essa identidade se torna possível. Não é à toa que o período socrático da filosofia é conhecido como antropológico, a partir dele o ser humano vai se lançar no mundo

82 | Epopeia e tragédia

acreditando, cada vez mais, que é capaz de se tornar autônomo em relação à natureza.

Ao se fundar basicamente na interioridade, a subjetividade que se instaura na racionalidade passa a ocupar o espaço idealizado do chamado mundo interior. A interioridade é a transferência da ação do ser humano do mundo exterior, os deuses, as forças imanentes da natureza e da cultura, para a interioridade do sujeito que quer, sente, pensa. Ao contrário de atribuir um acontecimento, como faziam os gregos na epopeia e ainda na tragédia, a um conjunto exterior de forças, a um jogo múltiplo que envolve, inclusive, a ação humana, o modo de ser que nasce com o pensamento antropológico concentra a ação na interioridade do sujeito, no seu arbítrio. Nessa inversão, os olhos dos seres humanos se afastam do mundo exterior e se voltam para a arguição de si mesmos, de sua alma. A criação do sujeito autorreferente é a base da racionalidade ocidental.

CAPÍTULO 6

Apolíneo e dionisíaco

> "O dizer sim à vida, mesmo em seus problemas mais duros e estranhos; a vontade de vida, alegrando-se da própria inesgotabilidade no sacrifício dos seus mais elevados tipos – a isto chamei dionisíaco [...] além do pavor e da compaixão ser em si mesmo o eterno prazer do vir a ser."[1]

Nietzsche é um filósofo que inaugura seu pensamento com uma interpretação bastante própria da arte grega e faz deste ponto de partida o eixo de sua própria filosofia. Para ele, a cultura grega, dotada de uma extraordinária sensibilidade artística, se dedicou, para dar conta de sua propensão ao sofrimento, a construir um mundo exuberante, alegre, belo, um mundo de vitórias e glórias, um mundo divinizado. Em vez de resolver o problema do sofrimento criando saídas religiosas que prometiam outra vida, outro mundo, eles produziram, por meio de sua exuberante cultura, um mundo divino, alegre, glorioso, cheio de deuses, semideuses, heróis, cheio de lutas e vitórias.

---

1. Friedrich Nietzsche, "O que devo aos antigos", in *Crepúsculo dos ídolos*.

84 | Apolíneo e dionisíaco

Em vez de utilizar um princípio ordenador do mundo, Deus, o bem, o espírito, a ideia, para explicar a dor, as perdas e a morte, os gregos, antes do nascimento da filosofia, sustentavam a vida, as ações, o pensamento, na ideia de *devir*: o vir a ser de todas as coisas. Predominava uma cultura da multiplicidade, da mobilidade; da vida à morte, da dor à alegria, uma vida imanente, que se justificava por si mesma e não precisava de saídas para um além-mundo.

Para intensificar a vida, por necessidade, diz Nietzsche no *Nascimento da tragédia*, os gregos criaram o mundo dos deuses olímpicos, seres imortais, mas imanentes, que faziam parte do mundo e não de um além. Com isso, passaram a viver em um mundo onde tudo o que era grandioso encontrava uma expressão divina, bela, ordenada: o tempo, a discórdia, o amor, a justiça, a terra, o mar etc., todas as forças do espírito e do corpo se manifestavam nos deuses olímpicos de modo esplendoroso e ilimitado. A primeira grande ordem que os gregos criaram e seguiram, portanto, fundada na mitologia e na arte, não era uma ordem racional, mas estética. A beleza possibilita um tipo de ordenação, de medida, e foi por meio dessa medida que os gregos ordenaram sua cultura.

Podemos considerar essa perspectiva da épica e da tragédia na cultura grega, como fez Nietzsche, a partir de dois deuses gregos: Apolo e Dionísio. Mais do que dois deuses, o que está em questão é a existência de duas pulsões estéticas da natureza; não é possível entender a arte grega sem se referir à oposição entre essas forças que ora se chocam, ora se abraçam. O que Nietzsche chama de arte trágica é a reconciliação entre essas pulsões estéticas, que acontece na tragédia grega. Apolo é o deus da beleza, da aparência, da luminosidade, do sonho, da harmonia das formas, do equilíbrio. Apolo representa o impulso que está presente em toda épica grega; foi ele que deu nascimento ao mundo olímpico. A luminosidade de Apolo é o antídoto contra as trevas, contra os horrores da existência. A claridade, aliada à aparência, bem como ao poder onírico de Apolo como deus do sonho, engendrou a arte apolínea como uma ilusão artística que intensifica a vida, tornando-a desejável.

A beleza é o fundamento da arte apolínea. Para os gregos, beleza é medida, harmonia, ordem, proporção, delimitação, mas também calma e liberdade com relação às emoções, isto é, serenidade. Contra a dor, o sofrimento, a morte, contra a violência de seus próprios impulsos, com o objetivo de ordená-los, os gregos construíram uma civilização sustentada na ordem, no equilíbrio, na serenidade que a beleza manifesta. Não é à toa que no templo de Apolo, o deus da forma e da beleza, encontramos a máxima: "Nada em demasia"; o que significa que o excesso é desequilibrado, grotesco, e deve ser ordenado pela sedução de uma forma equilibrada e bela.

> Para que se possam observar os próprios limites, precisa-se conhecê-los: por isso a advertência apolínea do *Conhece-te a ti mesmo*. O espelho, no entanto, no qual somente o grego apolíneo poderia ver-se, isto é, reconhecer-se, era o mundo dos deuses olímpicos: aqui ele reconhecia sua essência envolvida pela bela aparência do sonho.[2]

---

2. Friedrich Nietzsche, *A visão dionisíaca do mundo*, p. 22.

86 | Apolíneo e dionisíaco

O mundo da beleza é também o mundo da aparência, e o que eles fizeram foi valorizar a bela aparência. O belo é um sorriso da natureza que nos seduz a esquecer as dores da existência; o belo é o que nos faz sentir prazer pela vida. A epopeia, em sua ética, reverencia o herói, o ser humano corajoso e forte que vence a si mesmo, que se torna aparentado aos deuses em sua eterna busca por força, beleza, vitória. Mas não é somente Apolo que reina na cultura e nos valores gregos, temos também Dionísio.

Como a beleza é uma aparência que tem por objetivo mascarar, encobrir o lado obscuro e sombrio da vida, diante dos grandes desafios ela se esgota. O belo é um ideal de harmonia capaz de apaziguar os conflitos, mas a vida não existe sem conflitos. E o grego percebe que as perdas, a morte, o tempo, tudo o que provoca sofrimento não pode ser negado definitivamente. A dor é um aspecto inevitável da vida, e negar a dor é negar a própria vida. O que caracteriza a vida é um jogo constante entre a dor e a alegria, entre a vida e a morte. Tudo que nasce tem de morrer para que a vida continue. É porque sabemos que vamos morrer que temos urgência de viver. É porque sentimos dor que valorizamos tanto a alegria. Além do mais, não há um ser humano que não tenha vivido a dor. E se houvesse, ele não saberia também o que é a alegria.

Dionísio é o deus do vinho, da embriaguez, da loucura, da intensidade, da perda de si, e está presente nas festas rituais que deram nascimento ao teatro. O modo como Nietzsche concebe Dionísio está muito relacionado ao culto das bacantes: um culto orgiástico de mulheres que, cantando e dançando, honravam o deus Dionísio, um culto que veio da Ásia, celebrando um deus estrangeiro independentemente de Dionísio ser ou não um deus estrangeiro, o fato é que era desse modo que ele era considerado, possivelmente por ter levado para o seio da cultura grega o oposto daquilo que a constituíra até então.

Depois de muito cultuar a forma apolínea, a harmonia e o equilíbrio, e o herói como modelo de ser humano, os gregos se viram diante da necessidade de resgatar o excesso, a desordem, a loucura, que, do mesmo modo que a forma, também faz parte da vida. Se os aspectos terríveis da vida não podiam ser encobertos definitivamente pela beleza, então que a beleza estivesse a serviço do encontro do ser humano com a vida, especialmente com o sofrimento. Não sendo possível fugir da dor, negar a dor, então se tornava necessário aprender a conviver com ela. E novamente utilizaram a arte como saída: para não mais fugir da dor, para enfrentá-la em sua desmedida, inventaram o teatro, que nasceu com a função de permitir ao ser humano olhar seu sofrimento de frente.

Mais do que isso, eles vão perceber, com este segundo modo artístico de viver o sofrimento, que as forças que presidem o culto de Dionísio não são apenas parte necessária da vida, mas a força constitutiva do todo, que Nietzsche chama de uno primordial. O que o culto a Dionísio faz é não somente resgatar a ligação entre os seres humanos, rompida pela individuação, mas resgatar a ligação entre os seres humanos e a natureza. Aqui o ser humano não é mais artista, tornou-se obra de arte. A natureza volta a unir os seres antes isolados e os deixa se sentirem um todo.

88 | Apolíneo e dionisíaco

A vida está mais próxima de Dionísio do que de Apolo; Apolo nasce de Dionísio, é um desdobramento deste, o que quer dizer que a *hybris*, intensidade exuberante e excessiva que os gregos tanto quiseram afastar, é o fundamento da própria vida. Mas como nos relacionarmos com essa intensidade que, sozinha, é o mesmo que morte, desintegração? No teatro grego, a arte apolínea é colocada a serviço das forças dionisíacas. Por meio da forma equilibrada e harmônica de Apolo, Dionísio pode aparecer em sua exuberância.

Na composição inicial da tragédia, é o trabalho do corpo que se manifesta, sem nenhuma separação, da palavra e do gesto, como uma simbólica total do corpo, na qual música, dança, gestos, não se submetendo ainda à representação, produzem uma sinfonia que tem como função a melodia dos afetos, o dionisíaco. Ali, todas as manifestações se encontram, todas se juntam evocando Dionísio. Nesta cena originária, a música ocupa o espaço próprio da simbolização, ela é a matriz de onde emerge todo símbolo, toda forma. É a manifestação de uma simbólica total do corpo, que será substituída, com o advento do socratismo, pelo domínio da palavra, do debate, da dialética.

O que o espaço plural da tragédia, como Nietzsche a constrói, encena é o nascimento da representação artística. O servidor de Dionísio, embriagado nas festas em honra ao deus, precisava estar, ao mesmo tempo, à espreita de si mesmo, como observador. Aqui, o caráter artístico se mostra não na alternância entre lucidez e embriaguez, mas em sua simultaneidade. O mesmo será exigido do trabalho do ator, que simultaneamente é o ator e o personagem.

A espécie que sabe | **89**

O que nasce com a tragédia, e é positivado por Nietzsche, é o espaço da ficção; o fenômeno dramático é concebido como uma metamorfose do poeta, que sai de si e atua como personagem. A experiência de sair de si rompe provisoriamente não apenas com o princípio de individuação, mas com a visão de mundo apolínea. O helenista Pierre Vernant[3] também afirma que a tragédia foi que permitiu a tomada de consciência do fictício, ou seja, do descobrir-se como um imitador, como um criador de ficções. Na epopeia, como vimos, o que predomina não é a ficção, mas a revelação; a *parole*, a palavra que narra, é a palavra revelada, que os gregos acreditavam ser dos seres humanos de outrora, que existiram efetivamente; já na tragédia o ser humano se percebe criador, artista.

Por meio da arte, do teatro, da música, da dança, a tragédia encena o conflito da existência, a vontade individual lutando contra as determinações da natureza, e produz alegria. A alegria que a tragédia permite está, antes de tudo, na possibilidade de ver a dor humana representada no palco, nesse espaço de distanciamento e contemplação estética. Ao encarar o excesso, o descontrole, o incomensurável, ou seja, o sublime, pela ótica da representação artística, o ser humano se fortalece. O que esse novo tipo de arte faz é transformar o desgosto e o horror da existência em representação artística. O que o teatro faz é nos comover.

Segundo Schiller, comover-se é o sentimento misto do sofrimento e do prazer no sofrimento. O estado de comoção, por si

---

3. Jean-Pierre Vernant, "O sujeito trágico", in *Mito e tragédia na Grécia antiga*, vol. II.

mesmo, tem algo que nos dá prazer. Mais do que isso, a experiência ensina que é a emoção desagradável a que maior atração exerce sobre nós. Mesmo a paixão dolorosa não é, para quem a sofre, completamente destituída de prazer. No entanto, só conseguimos nos comover com nosso próprio sofrimento quando a dor é suficientemente moderada para dar lugar ao prazer. Aquilo que hoje nos prostra ao chão, e comove quem nos assiste, em algum tempo será lembrado por nós com uma sensibilidade comovida.

O fraco é vítima de sua dor, mas o sábio é aquele que se torna sempre capaz de se comover com ela. O estado de emoção, por si mesmo, tem algo que nos deleita, por isso buscamos sempre atingi-lo, mesmo que por meio de uma emoção dolorosa. É esse afastamento, esse distanciamento que a representação teatral cria. Com o teatro nos tornamos capazes de nos distanciar de nossa própria dor, de vê-la de fora.

Na tragédia grega o destino do herói é sofrer, para, desse modo, incitar o espectador a afirmar o sofrimento como próprio da vida. O que há de emocionante e de impressionante na tragédia é que vemos o terrível tornar-se arte diante de nós, tornar-se música, dança, canto etc. e a experiência artística é uma experiência de prazer. A arte nos proporciona prazeres que não precisam ser merecidos, que não custam nenhum sacrifício, e que não exigem nenhum tipo de arrependimento. Mas, além do prazer, como um ganho imediato, a arte permite ao ser humano o contentamento que vem da experiência estética, como desdobramento de si mesmo.

Se a epopeia tem como característica a elaboração de si, ou seja, a constituição da individualidade, que acontece por meio da beleza

A espécie que sabe | **91**

artística, com suas formas equilibradas, a tragédia busca, ao contrário, a perda de si mesmo, o esquecimento de si por meio da arte; é no teatro que esse afastamento de si é mais característico. O teatro permite a transmutação do poeta, que antes falava na primeira pessoa e agora sai de si, quando cria personagens. A passagem a uma outra individualidade é característica da arte dramática, que nasce das metamorfoses e visões dos antigos rituais de possessão dionisíaca, transpostos para o palco em forma de encenação. Apolo e Dionísio complementam-se na tragédia grega.

Mas a tragédia morre pelas mãos da razão. O período antropológico do pensamento humano, instaurado pelo socratismo, em vez do esquecimento de si promove a valorização do eu, do sujeito, da alma. O socratismo estético condena a arte e o saber trágicos em nome do conceito, porque acredita que o pensamento, seguindo o fio da causalidade, vai ser capaz de curar a ferida da existência. Um pensamento subordinado não mais à arte, mas à moral. É a busca por duração, por estabilidade, que fará a cultura grega partir em direção a este novo modelo, a racionalidade, em vez da arte, a verdade.

A embriaguez dionisíaca que a tragédia encena, como manifestação do estado criativo, como manifestação da estética da natureza, vai ser negada em nome da identidade e da verdade. O sofrimento, a dor, os excessos que eram transfigurados pela arte são agora rejeitados pela dialética socrática, que entende que a desmedida é um impedimento ao pensamento equilibrado, à razão. O afastamento da palavra em relação ao corpo, a imposição lógico-racional de uma linguagem destituída de contradição, de

92 | Apolíneo e dionisíaco

paixão, fundada na identidade e na causalidade, a valorização do diálogo, do debate, da dialética socrática é a desvinculação da palavra do terreno que a fez e a faz surgir.

Nietzsche atribui a Eurípides essa transformação, ou melhor, Eurípides foi, na tragédia, o porta-voz dessa mudança de valores que acontecia na cultura grega. A cidade, a *polis*, surgia, e com ela novas demandas, a democracia, o valor da palavra, os sofistas e Sócrates, a filosofia. Sócrates era contemporâneo de Eurípides e dizem que não gostava de assistir a tragédias, exceto as desse autor que, para Nietzsche, já não tem o brilho típico do artista grego. O socratismo despreza os instintos e com isso despreza a arte. "Em todas as naturezas produtivas justamente o inconsciente atua criativa e afirmativamente, enquanto a consciência se comporta crítica e dissuasivamente. Nele [em Sócrates] o instinto se torna crítico e a consciência criativa."[4]

Diante dos inúmeros desafios que a sociedade grega vivia, Eurípides chegou a uma forma de arte fundada na ideia de que "tudo precisa ser compreensível para que possa ser entendido"; ou, em outras palavras, "tudo precisa ser consciente para ser belo". O correspondente em Sócrates seria: "Tudo precisa ser consciente para ser bom." Muitas características de Eurípides revelam essa mudança conceitual, por exemplo, a inserção do prólogo que explicava, antes de a peça começar, o desenrolar do enredo; nada fica oculto em suas peças, nem o passado, nem o futuro, nem os personagens, tudo responde a uma estética da consciência.

---

4. Friedrich Nietzsche, "Sócrates e a tragédia", in *A visão dionisíaca do mundo.*

A espécie que sabe | **93**

Mas outras características marcam a mudança de Eurípides: se a estética anterior sustentava a contradição entre a vontade humana e a vontade da vida, exteriorizada nos deuses olímpicos, forças imortais, exuberantes, invencíveis para o ser humano, em Eurípides esse conflito se dá, especialmente em *Medeia*, em uma luta do ser humano consigo mesmo: Medeia sofre de ciúmes, seu conflito é com um mortal, Jasão, ou seja, trata-se de uma questão particular, individual, e não universal e grandiosa como eram os conflitos das tragédias mais antigas.

A perspectiva que surgiu da tragédia grega vai inspirar um pensamento que pode ser chamado de pensamento trágico;[5] nele, a vida, como eterna criação e destruição, é, em si mesma, um fenômeno estético. Nietzsche considera Heráclito o primeiro filósofo a desenvolver uma filosofia trágica.

---

5. Cf. Roberto Machado, *O nascimento do trágico: de Schiller a Nietzsche.*

CAPÍTULO 7

O *agon* grego: a vida como uma luta sem fim

> "O homem, em suas faculdades mais elevadas e nobres, é integralmente natureza e incorpora o seu misterioso caráter dualístico. Aqueles seus traços aterradores considerados desumanos talvez sejam o solo fértil único onde a humanidade pode se desenvolver por impulsos, ações e obras."[1]

A ideia de humanidade dos gregos antigos, especialmente na epopeia e na tragédia, não opõe o ser humano à natureza; ao contrário, os aproxima. As qualidades naturais e as qualidades humanas crescem juntas; os gestos violentos e aterradores, a crueldade, os excessos são a fonte, o solo fértil de onde brotam as grandes ações e as grandes obras da humanidade. Se os gregos eram humanos a ponto de serem os mais humanos entre os povos antigos, dada a sofisticação de sua cultura intelectual e artística, eram também aqueles que sem pudor deixavam seu ódio fluir livremente, especialmente nas guerras. As guerras

---

1. Friedrich Nietzsche, "O *agon* em Homero", in *Cinco prefácios para cinco livros não escritos*, p. 1.

96 | O agon grego

descritas por Homero manifestam uma crueldade que por vezes parece não combinar com a elaborada cultura grega. Um exemplo disso é Aquiles, o guerreiro mais amado e admirado da Grécia, que, guiando seu carro, profana o corpo de Heitor, arrastando-o ao redor da cidade de Troia, para desespero da família, que assistia a tudo do alto da muralha.

A luta e o prazer da vitória, em si mesmos, foram legitimados pelos gregos, que concebiam o ódio, a inveja, a disputa de modo muito diferente do nosso. Um conceito fundamental entre os gregos desde a epopeia é a ideia de *agon*, que quer dizer disputa, *justa*, combate. A cultura grega assume e afirma a competição como uma necessidade, porque acredita que é por meio dela que as forças excessivas e violentas se encaminham para os lugares que lhes são próprios. Um ser humano grandioso era sempre concebido como um ser humano forte, intenso, corajoso, mas essa força deveria ser ordenada, e a disputa era o modo de ordená-la.

O *agon* é uma luta na qual não há trégua nem fim; como é preciso que a luta perdure, para que as diferentes forças da vida se manifestem, os lutadores não podem chegar a um acordo; o que seria uma trégua, e nenhum deles pode ser aniquilado pelo outro, o que significaria o fim do combate. O combate não pode nem se tornar um extermínio, nem se resolver por meio de um acordo, ele deve se manter, de modos distintos e diversos, em prol da conquista em si mesma, ou seja, do engrandecimento da vida, que é uma luta constante. Por isso, mais do que ganhar ou perder, era preciso jogar; lutar. Se as forças são deixadas livres, prepondera a violência, mas se são rejeitadas, anuladas, predomina a passividade, a covardia. Por isso, estimular a força é o alvo, mas, ao mesmo tempo, é preciso construir diferentes espaços onde essas forças possam se manifestar. As provas de atletismo, realizadas nos ginásios, refletem esse *agon*, mas isso também acontecia nos teatros, nos concursos de poesia e de tragédias, na *ágora*, onde os políticos disputavam com a palavra. Mesmo a filosofia surgiu como um tipo de *agon*, como dialética, como disputa de argumentos.

Para que a disputa não se convertesse em um massacre de uns sobre os outros, os gregos tinham uma instituição chamada ostracismo:[2] "Se houver um melhor entre nós, que esteja entre outros, noutro lugar." E esse "melhor" era então expulso, já que a *justa* abomina a supremacia de um único, e teme seus perigos. "Como proteção contra o gênio, exige outro gênio." Muitos gênios fazem um Estado forte e livre; um único gênio acaba gerando o totalitarismo, a submissão. O talento se manifesta e se desenvolve na disputa; é por meio de uma disputa justa que as capacidades individuais, os talentos podem surgir, isto é o que diz a boa pedagogia dos gregos.

Por isso, *agon* é uma palavra que, ao mesmo tempo que quer dizer disputa, também significa *justa*, ou seja, somente é considerado disputa aquilo que acontece a partir do respeito a condições

---

2. "O ostracismo é uma instituição que consiste no fato de que, em determinados momentos do ano, a assembleia do povo pode, sem motivo algum, escolher para *pharmakos* e expulsar uma pessoa que não cometeu crime algum, mas que subiu muito, que teve sorte demais" (Jean-Pierre Vernant, "A tragédia grega, problemas de interpretação", in *A controvérsia estruturalista*).

98 | O *agon* grego

previamente estabelecidas, por exemplo, nas olimpíadas. O *agon*, para Nietzsche, é uma das mais nobres ideias gregas e um dos fundamentos de sua ética, por ser um meio de se libertarem da crueldade e do prazer destruidor. A epopeia, com sua valorização do herói, é uma apologia do *agon*.[3]

Hesíodo distinguia dois tipos de disputa, ou de discórdia: a má e a boa Éris. A primeira leva a uma hostilidade vazia na qual os seres humanos se aniquilam uns aos outros; a segunda, a boa Éris, estimula os seres humanos a serem melhores e maiores do que são; os instiga a crescer não apenas individualmente, mas como espécie. A inveja é uma dádiva dos deuses, ela nos toma para que possamos crescer, nos expandir. Por isso, quanto mais sublime um grego, quanto mais grandioso, maior a sua ambição.

Sem a inveja, o ciúme, a ambição, a competição, a cidade e o ser humano grego teriam se degenerado. Manter um espaço público para a competição e a contestação foi, ainda é, necessário para a manutenção do bem-estar dos indivíduos e da comunidade; ao explicitar o combate, que está presente em tudo o que vive, em um campo previamente traçado, com regras, os excessos são canalizados e os seres humanos se fortalecem. A disputa é um modo de organizar a crueldade, de contê-la. A cultura grega é uma prova disso; os mais sofisticados são também os mais competitivos; o combate organizado, a disputa, evita a desmedida e o excesso.

O grego reconhece, em toda extensão de sua cultura, sob nomes diversos – *polemos, eris, neikos* –, esse mesmo poder de

---

3. Roberto Machado, *O nascimento do trágico: de Schiller a Nietzsche.*

A espécie que sabe | **99**

confrontação, que Heráclito celebra como princípio do universo. Heráclito, vendo o *agon* presente nos diferentes âmbitos da vida grega, faz dele o princípio do mundo; pensar o mundo como devir implica concebê-lo como uma luta constante. Mas esse jogo entre contrários é também o do artista, que cria e, ao criar, destrói, pelo puro prazer estético. O devir é o jogo do artista e está além dos limites da moral. O aspecto lúdico do combate é a concepção de mundo como um jogo, no qual um grupo de forças tenta dominar outro. Como obra de arte o mundo está justificado. Heráclito estrutura sua visão de mundo partindo não da moral, mas da estética, como veremos adiante.

É sustentado nesse gosto pela disputa que Sócrates inventa a dialética e dá os primeiros passos em direção à filosofia. A filosofia é uma forma de *agon*.

Parte III

O segundo modelo de pensamento: a razão ocidental

CAPÍTULO 8

Do mito ao *logos*: a vontade de verdade

"Pode-se admirar o homem como um poderoso gênio construtivo, que consegue erigir sobre fundamentos móveis e como que sobre a água corrente uma cúpula conceitual infinitamente complicada: sem dúvida, para encontrar apoio sobre tais fundamentos, tem de ser uma construção como que de fios de aranha, tão tênue a ponto de ser carregada pelas ondas, tão firme a ponto de não ser despedaçada pelo sopro de cada vento. Como gênio construtivo o homem se eleva, nessa medida, muito acima da abelha: esta constrói com cera, que recolhe da natureza, ele com a matéria muito mais tênue dos conceitos, que antes tem de fabricar a partir de si mesmo."[1]

Se antes a força do discurso era dada pela beleza, pelo encantamento mágico e metafórico que causava, agora era a definição

---

1. Friedrich Nietzsche, "Sobre verdade e mentira no sentido extramoral", in *O Livro do Filósofo*.

104 | Do mito ao *logos*

e a articulação dos diversos sentidos que permitia a formação de um pensamento cada vez mais elaborado. Os primeiros conceitos são as palavras, diz Nietzsche, já que cada uma define um território específico; e a articulação das palavras vai produzir universos de significação ainda mais amplos e complexos. A palavra deixa de apenas relatar ou descrever, de convocar as imagens e os sons, se afasta do seu sentido ritual para ganhar um estatuto, um domínio próprio; agora a linguagem se articula consigo mesma, e encontra em si mesma a fonte de seu exercício. As palavras se libertam do mundo, formam corpos de linguagem, que vão definindo modos de vida, gestos, paisagens. Uma trama de sentidos se forma, uma malha conceitual construída a partir de camadas sobrepostas, uma rede grandiosa, bela e ao mesmo tempo perigosa, como a teia das aranhas.

Homero é a referência mais antiga que temos do pensamento conceitual no Ocidente. É a partir dele que podemos acessar a formação do pensamento e do ser humano que ainda hoje somos. A lírica coral e as tragédias gregas, Sófocles, Ésquilo e Eurípides completam esse primeiro quadro, mas foi em torno do século V a.C., com Sócrates, Platão e Aristóteles, que nasceu aquilo que vamos chamar de razão ocidental; com a filosofia, o modo grego de pensar se tornou a forma do pensamento em geral.[2] Isso significa que, quando filosofamos ou fazemos ciência, ainda estamos, de algum modo, reproduzindo, mesmo sem ter clareza disso, o modelo grego do pensamento. A filosofia, que surgiu com os gregos,

---

2. Bruno Snell, *A descoberta do espírito*.

é um modo de pensar e exprimir pensamentos que se tornou o padrão do pensamento ocidental.

Seguindo Bruno Snell, o fundamento da filosofia é o *logos*. E o mito se opõe ao *logos* do mesmo modo que a fantasia se opõe à razão. A palavra do mito se sustenta na beleza e narra; a palavra do *logos* se fundamenta em argumentos e demonstra. O *logos* não busca seduzir ou embriagar, como faz o mito, mas pretende convencer; exige a formulação de um juízo e a demonstração desse juízo a outra pessoa. Quando o *logos* é justo e conforme a lógica, é verdadeiro; se esconde alguma coisa, então é falso. O pensamento mítico exige receptividade; o lógico exige atividade. Com o nascimento da filosofia, o ser humano começou a se colocar no mundo como força ativa, produtora de ordem e criadora de sentido.

O pensamento mítico se estrutura por meio de imagens e comparações, que se impõem à percepção, à imaginação, já o pensamento lógico se organiza como um discurso capaz de atingir a verdade, o que significa universalmente válido. O que chamamos de razão ocidental não somente busca, mas afirma atingir, desligando-se de todas as condições históricas e particulares, o permanente, o incondicionado e o verdadeiro. A busca pela verdade é a base daquilo que chamamos razão ocidental.

Se com o pensamento mítico tínhamos acesso ao mundo por meio de monstros, deuses e heróis, agora o mundo será explicado racionalmente a partir de uma causa eficiente. Mas, como a causalidade mítica busca, sobretudo, se referir à causa de tudo, das ideias, dos afetos, dos desejos, bem como busca uma compreensão sobre o ser humano e a vida, ela não desaparecerá com

106 | Do mito ao *logos*

o surgimento do pensamento lógico, pelo contrário, são estágios históricos distintos, que não se excluem, mas se complementam.

Se na epopeia, e especialmente na tragédia, o ser humano buscava um modo de se afirmar diante da vida, se buscava conquistar a ação como supressão da escravidão diante da natureza, agora o que ele buscava era dominá-la. Impotente diante da contradição, do conflito, da mudança, o pensamento humano vai buscar fora do mundo o fundamento do seu exercício: se a vida é *devir*, se o princípio da vida é o *agon*, então o humano constrói um espaço metafísico, ele forja um lugar onde a identidade e a verdade predominem. O mundo não pode ser apenas o que conhecemos, deve existir um lugar eterno que seja a fonte de tudo, e este lugar é o pensamento, ou somente pode ser atingido seguindo a via do pensamento. Com a metafísica, a cultura ocidental constrói uma instância de poder acima de si mesma, como fundamento, princípio, razão. É essa causalidade que sustentará a razão em seu nascimento: uma causalidade imaginária, diz Nietzsche, que se chamará inicialmente Ser, ideia, mas que também se chamará Deus, e mais tarde sujeito, ou eu. Nietzsche identifica nesse processo, que chama de vontade de verdade, a necessidade psicológica de duração como vontade de dominar o tempo e a morte; e é na vontade de verdade que acredita encontrar o sentido de todo niilismo. A vida é *agon*, ele pensa, um conflito fundamental move todas as coisas, mas o pensamento, desde Platão, se sustenta na vontade de duração, e se afirma em uma lógica da identidade e da verdade que não encontram correspondência na vida, ao contrário, a negam; a metafísica é um rancor contra a vida.

CAPÍTULO 9

O devir e o ser

> "É no princípio do século VI, na Mileto jônica, que homens como Tales, Anaximandro, Anaxímenes, inauguram um novo modo de reflexão concernente à natureza, a tomam por objeto de uma investigação sistemática e desinteressada, de uma história, da qual apresentam um quadro de conjunto, uma *theoria*."[1]

O pensamento pré-socrático, ou pré-platônico, caracteriza-se como o primeiro movimento em direção ao pensamento argumentativo, mas está ainda muito próximo dos valores da cultura grega. Em um mundo ainda povoado de deuses, os sábios gregos se arriscam em um novo modo de conceber o mundo; agora, a partir de suas próprias reflexões, percepções, perspectivas, arriscam um pensamento que explicitamente se sustenta na busca por um princípio da natureza, por um fundamento de tudo, pela *arché*.

Essa mudança se manifesta na ordem do mundo, que deixa de ser o resultado das relações entre os deuses, para se tornar, cada vez mais, o desdobramento racional de um princípio, um

---

1. Jean-Pierre Vernant, *As origens do pensamento grego*, p. 72.

108 | O devir e o ser

fundamento, o *cosmos*. Excluindo qualquer forma sobrenatural, os primeiros filósofos gregos partiram da ideia de uma *physis* universal, ou seja, a natureza, e tentaram desvendá-la.

As primeiras indagações dos filósofos gregos foram em busca de um princípio para a natureza, mas esse princípio nem sempre se encontrava explicitamente nela. Sem imagens nem fábulas, como um investigador da natureza, Tales de Mileto vai afirmar que tudo é água. O que o primeiro filósofo de que temos notícia vai sustentar é que tudo é um. Já Anaximandro, também da cidade de Mileto, afirma que o princípio de tudo é o indefinido, o informe. Um ser da natureza, que possuísse qualidades definidas, ele pensa, não poderia ser o princípio das coisas. É preciso que o ser originário seja o indefinido; somente isso garante a continuidade do *devir*. O que no mito era divindade, em Tales e em Anaximandro se torna um princípio.

À medida que esse novo modo de pensar vai sendo exercido, e diferentes concepções vão se instaurando, uma questão começa a se impor no pensamento antigo: o princípio da vida e do mundo, o fundamento de todas as coisas é o *devir*, ou seja, o vir a ser, a mudança explicitamente manifesta na natureza, ou o Ser, em sua identidade e permanência, que pode ser atingido somente pelo pensamento? Heráclito de Éfeso e Parmênides de Eleia[2] são dois filósofos que representam bem essa questão.

De um lado Heráclito afirma, assim como a maioria dos pensadores de sua época, a existência de um fluxo contínuo como

---

2. Friedrich Nietzsche, *A sabedoria na época trágica dos gregos.*

A espécie que sabe | **109**

fundamento de tudo o que existe, o *devir*, vir a ser eterno, a transformação. Mas, em vez de tratar o *devir* como um mal, como faz Anaximandro, Heráclito vai afirmar a positividade do *devir*, e vai pensá-lo como a razão de ser de todas as coisas, o fundamento de tudo. "De onde todas as coisas tiram sua origem, aí também devem perecer segundo a necessidade."[3]

O mesmo jogo que cria é o que faz morrer, não somente a vida humana, mas a água, o calor, o frio, tudo que alguma vez teve uma propriedade definida experimenta a desintegração dessas mesmas propriedades. Mas "de onde provém esta torrente sempre renovada do *devir*?",[4] ele se pergunta.

O mundo nunca começou nem nunca vai acabar, ele é um eterno vir a ser, um jogo no qual "todas as coisas trazem em si mesmas o seu contrário",[5] a luz e a sombra, o doce e o amargo estão ligados uns aos outros como dois lutadores; a ladeira que sobe é a mesma que desce; é uma só e mesma coisa a vida e a morte, o despertar e o dormir, a mocidade e a velhice, o bem e o mal. É a boa Éris de Hesíodo, diz Nietzsche, o *agon*, transfigurado em princípio cósmico.

As qualidades fixas que percebemos dizem respeito não às coisas mesmas, mas a nossos próprios sentidos. "Usamos os nomes das coisas como tendo uma duração fixa, mas até o próprio rio, no qual entramos pela segunda vez, já não é o mesmo que era da

---

3. *Ibidem*, § V.
4. *Ibidem*.
5. *Ibidem*.

110 | O devir e o ser

primeira vez."[6] É do eterno conflito dos contrários, da luta, que nasce o *devir*: o dia se torna noite, o quente, frio e o frio, calor.

Heráclito não se esforça para afastar as contradições do mundo, ao contrário, as justifica. A contradição é fecunda, diz ele, repleta de vida e força geradora. Os opostos em luta não cometem injustiça; existe uma harmonia suprema dada pelo equilíbrio dinâmico do *cosmos*. A essência da realidade é a atividade, a ação, a transformação constante, a mudança, mas essa luta manifesta a justiça eterna. "A mudança constante que vivemos, marcada pelo nascimento e pela morte, não é desordenada, caótica, mas regular, estável. Onde só reinam a lei como neste mundo como poderia aí vigorar a esfera da expiação e da culpa?"[7]

Não existe nenhuma injustiça a seu redor. O *devir* é inocente, e somente o jogo do artista e da criança podem manifestar essa inocência: uma criança junta montinhos de areia à beira-mar, diz Nietzsche, constrói castelos sabendo, e mesmo esperando, que o mar os derrube. Não é porque vamos morrer que a vida não tem sentido, ao contrário, é exatamente porque sabe que o mar vai derrubar seu castelo que as crianças se dedicam tanto a ele.

Parmênides de Eleia, por outro lado, acredita que duas vias se oferecem a quem busca conhecer a verdade, mas somente uma é fecunda e justa: a que afirma a eternidade e imobilidade do Ser. Para ele, existe uma realidade absoluta, imutável, única, e ela é o Ser. O Ser é uno, único, contínuo, eterno. Tudo mais é ilusão. O

---

6. *Ibidem.*
7. *Ibidem.*

que é, ele diz, não pode mudar, mas deve existir em uma eterna presença. Depois de falar da realidade do Ser, Parmênides vai falar do perigo da ilusão: o mundo tal como o conhecemos não é o verdadeiro mundo, mesmo que não possamos conhecer outro.

Não devemos acreditar nesses olhos estúpidos, nos ouvidos barulhentos e na língua, mas examinar tudo com a força do pensamento. Para Parmênides, o movimento existe para os sentidos, que se enganam, somente o pensamento pode perceber a verdade, o ser. A verdadeira realidade não está na experiência, mas no plano do pensamento. O pensamento é o único caminho para a verdade. Dessa forma ele instaura o mundo em duas esferas separadas, a das qualidades positivas, de caráter claro, ardente, quente, leve, sutil e cheio de atividade, e a das propriedades negativas que exprimem as carências, a ausência das outras, as positivas, descrita como obscura, terrestre, fria, pesada, densa e passiva. O positivo é o Ser e o negativo, o não Ser.

Foi Parmênides, e sua ideia de Ser, que fundamentou a filosofia. A razão é a órbita em torno do Ser, como identidade, princípio, não contradição, como verdade.

Mas não é somente a teoria do Ser que será incorporada pelo pensamento ocidental, diz Nietzsche, mas o modo como Parmênides argumentava: ao contrário dos seus contemporâneos, incluindo Heráclito, que falavam por metáforas e intuições, ele vai inserir um discurso onde quem fala é uma luz fria, distante. O que Parmênides terminará por fazer é introduzir o domínio lógico-gramatical no discurso, permitindo a instauração dos dois principais princípios lógicos: o princípio de identidade, "o

112 | O devir e o ser

que é, é", ou "o Ser é", e o princípio da não contradição: "Se o Ser é, o seu contrário, o não Ser, não é", ou seja, a afirmação do ser exige a negação do não ser. Esses princípios se constituirão, como veremos, como a base não apenas do discurso lógico gramatical, mas dos valores morais do Ocidente: a lógica gramatical é uma lógica da exclusão.

A filosofia, que nasce no final do século V a.C., se constituirá em torno desta ideia: não são a intuição, a opinião, as sensações, o corpo, os afetos, que devem ser seguidos, mas o pensamento e a razão, porque somente eles podem nos conduzir ao bem e à verdade. O que nasce junto com a filosofia, e que passará por algumas transformações durante os próximos séculos, é um modelo de pensamento que se chama razão, um modelo que se opõe a uma parte considerável da vida.

CAPÍTULO 10

A cidade, a palavra, a filosofia

> "A razão grega é a que, de maneira positiva, refletida, metódica, permite agir sobre os homens, não transformar a natureza. Dentro de seus limites como de suas inovações, é filha da cidade."[1]

A Grécia, no século V a.C., estava dividida em muitos povoados que, mesmo tendo a mesma cultura, a mesma língua, rivalizavam entre si. Mas o cenário aos poucos se transforma, as pequenas vilas começam a crescer e a cidade surge. Atenas ganha importância e se torna o centro da cultura grega. Ao mesmo tempo, é em Atenas que nasce a democracia, e como Atenas se torna um centro de poder, o modelo democrático se torna um modelo para as outras cidades. A democracia ateniense se define por uma igualdade de direitos; todos os cidadãos,[2] e não mais apenas a aristocracia, podem participar das decisões sobre o destino da cidade. Na democracia, a

---

1. Jean-Pierre Vernant, "Conclusão", in *As origens do pensamento grego*, p. 95.
2. Não eram considerados cidadãos as crianças, os estrangeiros, os escravos e as mulheres. Todos os homens adultos livres eram cidadãos, independentemente da classe social.

114 | A cidade, a palavra, a filosofia

palavra toma a frente e o gosto público e explícito pelo poder, que vem do uso da linguagem.

O surgimento da *polis*, entre os séculos VIII e VII a.C., constitui, para o pensamento grego, um momento decisivo, e a primeira grande mudança resulta desse valor que a palavra adquire; nas novas relações de poder que se configuram, a palavra é o grande instrumento. Agora não como palavra mágica e revelada, mas como argumentação, discussão, debate. É a função política, diz Vernant,[3] que torna o *logos* consciente de si, permitindo o surgimento da filosofia. A democracia exige a oratória, a retórica, a persuasão; para ocupar um lugar na cidade era preciso não somente aprender a falar, mas a convencer. As avaliações, os julgamentos, cada vez mais vão exigir pontos fixos, eixos. Com a criação da cidade, a vida social e a relação entre os seres humanos tomam uma forma nova.

Surgem os sofistas, que etimologicamente quer dizer "intelectuais que sabem falar", professores de oratória que fazem um enorme sucesso com suas técnicas e inovações, mas que encontram a oposição dos tradicionalistas que defendem o passado de glória e de força, a religião, os antigos costumes. Os sofistas, os inovadores da época, vão ficar conhecidos como enganadores, como aqueles que, sem respeito ao saber, ensinam modos de convencimento, de persuasão aos jovens atenienses que se interessam por política. Como ensinam aos jovens aristocratas,

---

3. Jean-Pierre Vernant, *op. cit.*

os sofistas ganham poder e dinheiro, o que é bastante malvisto por uma outra parte da intelectualidade grega.

Até os dias de hoje, quando alguém utiliza a linguagem de modo enganoso, vil, dizemos que está sofismando, o que se deve ao modo como Platão, especialmente, se referia aos sofistas, mas essa visão tem sido bastante questionada, especialmente por uma pensadora contemporânea chamada Barbara Cassin,[4] que entende o uso móvel e cambaleante da linguagem dos sofistas não como enganação, mas como uma constatação dos limites inerentes à própria linguagem. Nesse sentido os sofistas estariam mais próximos do contemporâneo do que Platão ou Sócrates.

Com as modificações trazidas pelo surgimento da *polis*, o que está em cena não é mais o mundo dos deuses nem a beleza, como era na epopeia; mas também não é o conflito insolúvel entre as determinações da natureza e a vontade humana, como na tragédia; ao mesmo tempo, não é mais a natureza o centro do interesse dos filósofos, como era no pensamento pré-platônico; o que, a partir desse momento, estará em cena é o próprio pensamento e, portanto, o ser humano. O nascimento da filosofia no século V a.C. no Ocidente pode ser pensado como o momento em que o pensamento toma consciência de si mesmo, e se pensa. Os gregos configuraram o pensamento como uma atividade própria, autônoma, como fizeram com a arte, libertaram-na de qualquer finalidade, de qualquer tipo de vinculação.

---

4. Barbara Cassin, *Aristóteles e o* logos: *contos da fenomenologia comum.*

116 | A cidade, a palavra, a filosofia

Os gregos foram o primeiro povo a completar essa transição da forma instrumental de atividade para a forma de atividade "autônoma", seja na ciência, na arte ou na moral. Antes deles não existia o livre inquérito, nem a investigação teórica, nem o conhecimento racional nem a arte como entendemos hoje, isto é, uma atividade cujas criações podem ser sempre consideradas e apreciadas como formas puras.[5]

A filosofia é a autonomia do pensamento, o exercício do pensamento em si mesmo, como exercício sobre si mesmo, como um dos modos de relação que os seres humanos têm com a vida, assim como o são hoje a arte, a religião, a ciência. Mas todas essas fases do pensamento que insistimos em demarcar têm apenas um sentido explicativo; na verdade, todas essas características de algum modo se encontram, na medida em que essas transformações vão ocorrendo. Mas é importante que possamos perceber e diferenciar modos distintos de ser e de pensar que foram se encontrando, se chocando, se amalgamando no decorrer da história do ser humano.

É no cenário democrático instituído com o nascimento das cidades, marcado pela valorização da palavra, que surge Sócrates, um sofista diferente; ao mesmo tempo que encontra extremo prazer na palavra, se lança contra a oratória dos sofistas, que, segundo ele, não se sustenta em nada que não seja interesse pessoal; eles falam de tudo, têm opinião sobre tudo, mas de fato não sabem

---

5. Arnold Hauser, *História social da arte e da literatura*, p. 77.

A espécie que sabe | **117**

de nada. Sócrates, o criador da dialética, não ensina por dinheiro nem abre escolas; critica tanto a tradição quanto os sofistas, e o faz por meio de um modo de argumentação que se sustenta no antigo gosto grego pela disputa, no *agon*: a dialética, esta invenção socrática, é uma disputa argumentativa que parte da necessidade de produzir um acordo entre as partes, um consenso, e se estabelece por meio do diálogo, do confronto de opiniões. Por meio de um jogo de perguntas e respostas, nasce uma estrutura argumentativa que exige, para continuar pensando, a concordância dos demais.

A razão de ser da dialética é a necessidade de produzir conceitos universais. Nas assembleias, povoadas pela oratória sofista, cada um via as coisas a partir de seu próprio ponto de vista, e era preciso um modo de considerar, ao mesmo tempo, a opinião de todos, o que exigia um discurso ordenado, estruturado, capaz de manifestar uma unidade de sentido que contemplasse a todos. A ideia de universalidade é um dos principais fundamentos do método que começa a nascer. "A esperança do filósofo é, então, construir uma espécie de tribunal pacífico, capaz de elaborar o discurso do conjunto, juiz de todos os discursos, e que possa ser, ao mesmo tempo, juiz de todas as práticas, de todas as condutas."[6]

Em seu método, Sócrates sempre parte de uma postura irônica, afirmando sua ignorância diante do tema em questão e provocando seu interlocutor a manifestar seu próprio ponto de vista. Por meio de um jogo de perguntas, ele vai, de contradição em contradição, levando o oponente a assumir que não sabe. Sócrates

---

6. François Chatelet, *Uma história da razão.*

118 | A cidade, a palavra, a filosofia

nunca assume uma posição, nem apresenta uma definição; jamais se expõe, apenas incentiva o outro a se expor. Quando o interlocutor assume sua ignorância, surge o ponto de partida do conhecimento, que vai da consciência da ignorância até a produção de conceitos universais. A dialética é um modo de compreender e explicar o real que se fundamenta na necessidade de estabelecer uma definição, um consenso. Platão define a dialética como "um método de se chegar ao bem".

O seu método dialético, a sua dúvida constante, o seu modo inquiridor provocarão sua condenação à morte, envenenado com cicuta. A cidade grega esperava que Sócrates fugisse, como foi sugerido por alguns seguidores, mas ele se negou. De sua morte espetacular e de seus ensinamentos nasceu a filosofia.

A mudança que se dá no pensamento grego com a entrada de Sócrates é que os filósofos deixam de se dedicar à natureza para se dedicar aos seres humanos, por isso esse período é chamado de antropológico: ética, política e o próprio pensamento são os temas centrais. A preocupação maior de Sócrates era com a ética, na qual identificava virtude, razão e felicidade. Para ele os vícios eram produto da ignorância e da falta de posse sobre si mesmo, por isso propunha não somente o saber, mas o saber sobre si mesmo. Sócrates é o primeiro filósofo racionalista. Mas não deixou nada escrito; grande parte do que sabemos dele veio a nós por meio do seu maior discípulo, Platão.

Para Nietzsche, Sócrates era um sedutor. Por ser um homem muito feio, em uma cidade que girava em torno da beleza, termina por criar a dialética como disputa verbal. O que faz é desviar o foco da beleza, a partir da criação de um novo interesse, o intelecto. Com a dialética Sócrates elevou-se ao topo da cultura grega: toda filosofia, diz Nietzsche, em vez de uma busca pela verdade, revela-se a confissão pessoal de um autor. Mas o que Sócrates traz por fim, tese de Nietzsche que é confirmada pelo helenista Pierre Vernant, é o desejo da cidade que estava nascendo; a cidade, a aglomeração, exige a filosofia, como necessidade da ordenação e da lei; é em função dessa necessidade social e política que Sócrates e Platão vão buscar os universais.

> A velha Atenas caminhava para o fim. E Sócrates entendeu que o mundo inteiro *necessitava* dele, de seu remédio, seu tratamento, seu artifício pessoal de autopreservação... Em toda parte os instintos estavam em anarquia; em toda a parte se estava a poucos passos do excesso. [...] Os instintos querem fazer o papel de tirano; deve-se inventar um *contratirano* que seja mais forte.[7]

Por isso a filosofia não nasceu de uma relação do pensamento com a natureza, não se aproximou muito da realidade física, não se utilizou da experimentação, mas surgiu de uma necessidade da cidade; mais do que isso, nasceu de uma relação dos seres humanos entre si. Desenvolveu-se como técnica de domínio de uns sobre outros, como moral, que se utiliza como instrumento da linguagem.

---

7. Friedrich Nietzsche, "O problema de Sócrates", in *Crepúsculo dos ídolos*.

CAPÍTULO 11

A razão como linguagem

"Vemos com exatidão até que ponto a preocupação da Razão nos obriga a fixar a unidade, a identidade, a duração, a substância, a causa, a realidade, o ser, de sorte que nos enreda no erro e torna necessário o erro. [...] Sucede como no movimento dos astros, só que neste caso nossos olhos são o advogado perpétuo do erro, e naquele quem advoga em favor do erro é a nossa linguagem."[1]

Em geral, costumamos chamar de razão a capacidade que a espécie humana tem de criar e articular palavras e pensamentos. Essa faculdade orientadora geral, que distingue os humanos dos outros animais, é definida como a capacidade de ir além das situações vividas, o que significa criar códigos, palavras, conceitos, que passam a mediar a relação dos seres humanos entre si e com o mundo. A razão é a capacidade humana de criar valores e se guiar por eles, o que significa ir além da determinação instintiva; é a capacidade, especificamente humana, de criar uma

---

1. Friedrich Nietzsche, "A Razão na filosofia", in *Crepúsculo dos ídolos.*

122 | A razão como linguagem

conduta, mediada por signos e determinada por valores e princípios. Por isso, o ser humano foi definido, por muito tempo, como um animal racional, porque é capaz de falar e pensar, capaz de construir valores, conceitos e ideias e relacioná-los. Atualmente o ser humano, considerando essa perspectiva, é pensado como um animal simbólico, capaz de linguagem.[2] Mas podemos dizer que o ser humano, ainda nessa perspectiva, é um animal moral, já que a linguagem, em si mesma, como vimos, encerra sempre uma interpretação, um valor.

Mas a palavra racional se refere também a procedimentos específicos de conhecimento; nesse segundo sentido, o que em geral chamamos de razão e erroneamente relacionamos ao que é natural no humano é um modelo de pensamento, produto da sobreposição de camadas de sentido, de interpretações, dispostas durante a história da humanidade, e que se tornou o orientador da conduta humana no mundo, ou seja, o princípio de explicação das realidades. Nesse sentido, razão não quer dizer somente capacidade de falar e pensar, de criar códigos e relacioná-los, mas de pensar de uma forma específica: organizada, esclarecida, sem contradições, distante das emoções, e tendo como alvo o incondicional, o imutável, o Ser, a verdade. A razão nesse segundo sentido não se refere mais à potência de pensar, mas a um pensamento com valores específicos e determinados. Foi esse sentido da palavra razão que os gregos clássicos criaram.

---

2. Ernst Cassirer, *Ensaio sobre o homem*.

A espécie que sabe | **123**

> Platão foi o inventor propriamente dito deste gênero cultural chamado filosofia. [...] Foi a filosofia de Platão que definiu, pela primeira vez, no Ocidente, os critérios da racionalidade, que são os mesmos que organizam nossa vida e nossa morte.[3]

Com Platão, a noção de Ser que surge com Parmênides vai sustentar a busca pela universalidade dos conceitos. Para Parmênides, existe uma relação íntima entre o pensamento e o Ser, ou seja, uma correspondência entre Ser e pensar, "o nada, porque não pode ser dito nem pensado, não é". Então o que pode ser pensado, é. Mas o sofista Górgias, de modo irrefutável, vai retrucar Parmênides: "Então o não ser, o nada, é", já que podem ser pensados. Essa oposição de valores instaurada por Parmênides entre ser e não ser, vai ser substituída por uma nova oposição: o ser e o falso ser. Rejeitando o não ser e transformando-o em falso ser, Platão não somente salva, de alguma forma, o lugar do ser instaurado por Parmênides, como constrói a categoria capaz de afastar os sofistas. Os sofistas se afirmam no domínio do falso, do *pseudos*, por isso devem ser rejeitados.

A concepção que sustenta essa ideia é a de que, em algum lugar, em um mundo que não é este que conhecemos e vivemos, existem essências, ideias puras, eternas e idênticas a si mesmas, que não podem ser acessadas pelos sentidos, mas pelo pensamento. Essas ideias são a fonte, o modelo, para tudo o que se manifesta na natureza. A essência é o núcleo a partir do qual

---

3. François Chatelet, "Platão", in *História da filosofia*.

124 | A razão como linguagem

as variações podem ocorrer, ela define o desenvolvimento que uma coisa terá. Em outras palavras, este mundo é uma cópia imperfeita, uma sombra do verdadeiro mundo de coisas fixas, de essências, o mundo das ideias. O ser humano possui um corpo, que o vincula ao mundo das aparências e do erro, mundo das sombras; mas possui também uma alma, um espírito capaz de atingir as ideias puras, a verdade. Os seres humanos devem então se desembaraçar dessas aparências que os sentidos lhes imprimem, que estão no domínio do *pseudos*, e se dedicar à contemplação da alma, único caminho para a verdade. A contemplação do mundo das ideias, que se chama em grego *theôria*, permite ver a articulação das essências, revelando, acima de tudo, a ideia suprema, que ilumina todas as outras. "Essência, ou ideia do bem, ao mesmo tempo essência ou ideia do Uno."[4]

O que em última instância Platão afirma, em sua filosofia, é a distinção entre o mundo inteligível, a fonte de tudo, a origem, que nos é dada pelo pensamento, pela alma, e que é o lugar da verdade e do bem, e o mundo sensível, que nos é acessível pelos sentidos, pelo corpo, e que é a causa do erro e do mal. O inteligível é o fundamento de tudo, e permanece como unidade subjacente ao mundo, e o governa. O mundo sensível, por ser uma cópia do mundo inteligível, possui um rastro desta inteligibilidade, e os seres humanos, por meio de suas almas, podem superar os erros e os vícios da sensibilidade e atingir o bem, a felicidade. Isso se faz, segundo Platão, por meio da razão.

---

4. François Chatelet, *Uma história da razão*, p. 40.

A espécie que sabe | **125**

Platão afirma, portanto, que o Ser é de natureza conceitual; a ideia é aquilo que dá forma às coisas, por isso as ideias contêm realmente, em si mesmas, como reduplicação, o conteúdo material das coisas. O discurso filosófico, sendo o discurso universal, o discurso do Ser, da verdade, corresponderá à realidade. O que essa hipótese busca mostrar é que, mesmo com todas as mudanças que a vida apresenta, o discurso filosófico, que não é apenas um discurso, é capaz de dizer o que é, e como é, porque diz da essência das coisas, o Ser. Para Platão existe, portanto, uma correspondência entre o discurso e o real, ou seja, aquilo que é.[5]

Se Platão constrói como modelo da verdade a ideia, Aristóteles vai se contrapor aos sofistas utilizando a linguagem, a verdade da linguagem, o sentido. Buscando salvar a possibilidade do conhecimento verdadeiro, colocada em questão pelos sofistas, ele vai propor a identidade entre dizer e significar. Ao contrário dos sofistas, que defendem o dizer por dizer, Aristóteles afirma que dizer somente é um gesto humano se significar alguma coisa, se estiver vinculado a um sentido. E a vinculação da palavra ao sentido é que, a partir de agora, vai fornecer a adequação entre as palavras e as coisas.

Partindo da possibilidade de adequação entre o pensamento e as coisas, Aristóteles vai apresentar, ou sistematizar, as condições do discurso, seus princípios e leis, para torná-lo capaz de permitir o discurso verdadeiro: a lógica, como forma do discurso, permite que o pensamento enuncie a verdade das coisas. A

---

5. Platão, *Parmênides* (132).

126 | A razão como linguagem

lógica aristotélica, portanto, depende de um certo número de suposições relacionadas à metafísica.

Aristóteles foi discípulo de Platão, mas se separou de seu mestre e fundou sua própria escola. Diferentemente de Platão, que jamais admitiu a existência de um saber sensível, ele considerava que, embora o pensamento e a sensação sejam diferentes, não são opostos, não havendo, portanto, ruptura entre eles. Mas Aristóteles não se afastou, ao contrário, reafirmou, a racionalidade do mundo: ao invés do *caos*, o mundo é um todo ordenado, um *cosmos*, que possui uma racionalidade que pode ser, por ter a mesma natureza, conhecida pelo pensamento humano.

Ainda seguindo o alvo platônico de construir um discurso universal, Aristóteles afirma que o conhecimento deve partir da experiência, mas essa experiência, por sua vez, deve ser formulada em um discurso que seja capaz de construir, sobre ela, concepções ou teorias. O caminho do conhecimento vai das sensações às imagens e percepções, destas às palavras e depois aos conceitos, proposições, silogismos. Como o discurso cotidiano é ambíguo, é preciso submetê-lo a certas regras para que se torne estável, claro, coerente. Por meio de um procedimento lógico, Aristóteles se propõe a regulamentar o discurso.

Tente falar corretamente, diz Aristóteles, e você será filósofo, será capaz de conhecer o que há de permanente no mundo. A essência é o que há de permanente nas coisas, o que nelas não muda, e a essência não se encontra em outro mundo, mas nas próprias coisas, e todos podem ter acesso a elas, desde que utilizem o discurso correto. Essa continuidade entre o ser, como essência

A espécie que sabe | **127**

e verdade, e as coisas é o fundamento da possibilidade do conhecimento verdadeiro. Assim como a forma das coisas materiais remete ao ser, a forma do discurso, a lógica, remete à verdade.

Em sua *Filosofia primeira*, Aristóteles considera de fundamental importância o estudo dos primeiros princípios: como decorrem do próprio *ser* enquanto *ser*, esses princípios são ontológicos, isto é, dizem respeito à essência. Esses princípios ontológicos serão considerados também, como veremos, princípios de linguagem, mais um argumento a favor da adequação entre o pensamento e as coisas. E o princípio primeiro, que emerge da própria estrutura do ser, é o "princípio de identidade". Como diz Aristóteles no livro III da *Metafísica*: "É impossível ao mesmo espírito conceber que uma coisa é e não é." Só admitindo a identidade das coisas pode a filosofia se afirmar como metafísica. Se existe um substrato que não muda, e que não pode ser apreendido pela sensação, senão pelo pensamento, então está instaurada a possibilidade de definição, e a definição é o que deve ser buscado no conhecimento de cada ser, de cada essência. A definição, como veremos, é o que Aristóteles instaura como proposição.

Todo juízo estabelecido pelo pensamento é do tipo sujeito-predicado, em que um predicado é atribuído a um sujeito (S é P). A forma sujeito-predicado já tinha sido sugerida por Platão no *Teeteto*, de onde provavelmente Aristóteles a extraiu. O que se chama proposição é a ordenação de linguagem capaz de permitir a definição, que é a explicitação da essência ou da identidade de uma coisa. A proposição representa o juízo, capaz de trazer o pensamento para a linguagem.

128 | A razão como linguagem

Como todo pensamento e todo juízo, a proposição está submetida a três princípios lógicos: *princípio de identidade* (uma coisa só pode ser conhecida e pensada se for concebida e conservada com sua identidade); *princípio da não contradição* (A é A e é impossível que seja na mesma relação não A); e *princípio do terceiro excluído* (ou Sócrates é homem ou não é homem, ele não pode ser e não ser homem ao mesmo tempo). Esses princípios, por outro lado, se sustentam na ideia de *causalidade*, ou seja, todas as coisas têm como causa a substância suprema, o motor imóvel do mundo, o ato puro, o um.

Para Aristóteles, a lógica, como a forma do discurso, é a manifestação da ordem própria e essencial das coisas. Um dos desdobramentos fundamentais dessa filosofia, como vimos, é a correspondência entre a dimensão lógica e a ontológica. A lógica para Aristóteles é ontológica, porque é o que permite a continuidade entre a linguagem e o *ser*. A articulação entre *ser* (como essência e verdade primeira) e linguagem faz com que, nesta concepção, exista uma perfeita adequação entre o conhecimento e o objeto.

Portanto, a lógica é o instrumento para o pensamento verdadeiro. E o que é a verdade? É a correspondência entre a predicação feita pelo pensamento e as coisas. O que a lógica, antes de tudo, sustenta é a exigência do sentido, não um sentido móvel, capaz de manifestar a existência própria e singular das coisas, mas o sentido como identidade, como essência, como o imutável. Partindo da identidade, afastando o que é contraditório e vinculando a verdade a uma causa, a um princípio, Aristóteles acredita estar

A espécie que sabe | **129**

garantindo a verdade da linguagem, o sentido. É dando uma ontologia à linguagem, atribuindo ao discurso princípios ontológicos, que ele acredita poder afastar o falso do verdadeiro. Para Bárbara Cassin,[6] foi em torno dos sofistas e do problema da linguagem que a filosofia na Grécia clássica girou.

Tudo aquilo que representou um esforço real em nome da verdade, diz Nietzsche, veio ao mundo por meio do combate por uma convicção sagrada, pelo *pathos* de combater; de outra forma o ser humano não tem interesse nenhum pela origem lógica das coisas.[7] Tanto Platão quanto Aristóteles estão em disputa com os sofistas. A lógica nasceu de um *agon*, ou seja, não é mais do que o estabelecimento de um campo de combate, com suas regras específicas, um campo de combate sustentado em ficções.

O que a lógica faz, segundo Nietzsche, é sustentar um pensamento em outro pensamento, por isso, fornece o modelo de uma ficção completa. Trata-se de uma maneira de pensar em que um pensamento é posto como causa de um outro pensamento. Desta forma, ao sair do mundo "muito mais complicado" das sensações, a lógica, como um filtro, termina por se impor como um modelo excludente, um aparelho de filtragem que, ao pensarmos, faz com que simplifiquemos a multiplicidade e a diversidade dos acontecimentos, excluindo uma parte da vida, a que diz respeito ao corpo, aos corpos.

---

6. Bárbara Cassin, *Ensaios sofísticos*.
7. Friedrich Nietzsche, *Fragmentos póstumos*, verão de 1872 – início de 1873, 19 (43).

130 | A razão como linguagem

O que a lógica, por princípio, exclui é o fluxo das sensações, das paixões. Por se fundamentar na linguagem, ela é o modelo primeiro de inserção e exclusão, e por isso mesmo serve de base para todos os outros modos de exclusão vigentes. Como Platão e Aristóteles não conseguiam se contrapor ao sofista, inventaram a categoria do "falso" e disseram: "Ele não deve ser ouvido, ele é o falso"; ou, então, o argumento do sentido: "O que ele diz é contraditório, e o que é contraditório não tem sentido." O que as argumentações filosóficas em torno da verdade permitiram foi a justificação da exclusão. O primeiro modelo excludente é o modelo da linguagem. Considerando a cena na qual a filosofia se deu, a lógica foi o armamento capaz de submeter o inimigo. Os sofistas, que assumiam a lógica como ficção, passaram para a posteridade como enganadores, ao contrário do lugar de honra dado a Platão e Aristóteles.

Em seu nascimento grego, a razão estava envolvida, ainda, pela sabedoria divina. A razão apreende como fim algo exterior e superior: o Ser, o bem, Deus. É esta finalidade superior que confere causalidade e harmonia às coisas: a natureza, dotada de razão, sustenta a correspondência entre sujeito e objeto, ou seja, permite o acordo entre as ideias e as coisas.

Descartes, que considera, como os estoicos, a razão o guia por excelência dos seres humanos, também vai submetê-la ao discurso, como veremos no próximo capítulo. Mas Kant, ao fazer a crítica da razão, desfaz a unidade entre razão e realidade e desvincula razão e discurso. Toda a crítica da razão pura é escrita para nos convencer de que, quando conhecemos, nada desvendamos do ser em si. A razão é a faculdade que produz os conceitos, mas esses conceitos não têm fundamento na experiência, na realidade. A razão não lida com a realidade, mas com o intelecto.

O intelecto, que faz parte de nossa natureza, unifica os fenômenos por meio de leis como as da percepção, por exemplo, e a razão unifica, por meio de princípios, o que o intelecto sintetizou; portanto, a razão age sobre o intelecto, não sobre as coisas. É esse corte instaurado por Kant o nascimento da Modernidade. Depois de Kant, Schiller, com sua valorização da estética e sua crítica ao intelectualismo teórico, e Nietzsche, com seu pensamento trágico, opondo-se à metafísica, vão se dedicar a um conceito ampliado de razão.

CAPÍTULO 12

O sujeito moderno: identidade, unidade, princípio

"[...] a crença que vê a alma como algo indestrutível, eterno, indivisível, como uma mônada, um *atomon*; essa crença deve ser eliminada da ciência. [...] Está aberto o caminho para novas versões e refinamentos da hipótese da 'alma'; e conceitos como 'alma mortal', 'alma como pluralidade do sujeito' e 'alma como estrutura social dos impulsos e afetos' querem ter de agora em diante direitos de cidadania."[1]

A crença de que somos um eu, uma unidade idêntica a si mesma, e, principalmente, uma unidade que é causa, que é origem do pensamento e da ação, é bastante recente. No modo de vida tribal, em que as sociedades ainda viviam em uma relação de continuidade com a natureza, a subjetividade se dava por meio de uma relação de pertencimento; os seres humanos não concebiam a si mesmos senão como parte de uma comunidade, por isso não

---

1. Friedrich Nietzsche, *Além do bem e do mal*, aforismo 11.

134 | O sujeito moderno

sofriam quando tinham que se sacrificar pelo grupo. Era como se, cada vez que um ser humano pensasse, ele o fizesse como grupo; cuidar do grupo, protegê-lo, era cuidar de si mesmo. A consciência de si aparece aqui não como individual, mas como um nó no tecido complexo das relações sociais.[2] O eu é um lugar na comunidade, que existe para e pela comunidade.

O surgimento, no Ocidente, de uma consciência de si marcada explicitamente pela valorização do indivíduo aconteceu na épica grega, quando a máxima "Conhece-te a ti mesmo", inscrita no templo de Apolo, incitou os seres humanos a olhar em direção a si próprios. Não somente a epopeia provocou esse gesto consciente, como forneceu um panteão de deuses individualizados, diferenciados, como modelo para esse indivíduo que estava nascendo. Na *Ilíada*, os grandes guerreiros se denominam "aparentados aos deuses". Ser belo como Apolo, forte como Hércules, poderoso como Zeus, corajoso como Prometeu, habilidoso como Hefestos, cruel como Cronos... A existência dos deuses justificava a dos humanos, que tinham como referência um universo cada vez mais diferenciado: o heroísmo, a coragem, a beleza, as belas palavras, a crueldade, a grandiosidade dos deuses lhes serviam de modelo.

Do mesmo modo, as mulheres e suas diversas divindades femininas: Hera, a esposa de Zeus, uma deusa extremamente ciumenta que vivia correndo atrás das amantes do marido; Afrodite, a deusa do amor, representando a beleza, a sedução e também a leviandade, a futilidade; Atena, a deusa da justiça e da guerra, que

---

2. Georges Gusdorf, *Mito e metafísica*, p. 102.

pediu ao pai Zeus que a livrasse das funções femininas como o casamento e a maternidade; Diana, a deusa guerreira das matas, que também não quis se dedicar aos homens e à maternidade e andara pelos bosques cercada de belas mulheres; Deméter, a deusa da fecundidade, é a terra fértil e protege os casamentos e os filhos; Perséfone, filha de Deméter, é casada com Hades, o deus do inferno, e representa o lado sombrio do feminino, a vinculação das mulheres com os mistérios e as bruxarias; a deusa Tétis, mãe de Aquiles, que não tem uma forma fixa, mas se transforma, adquirindo as mais variadas configurações. São modos distintos e complementares de exercer a feminilidade e a diferença.

Mas esse modelo subjetivo, apesar de extremamente individualizado e diferenciado, se sustentava na exterioridade, ou seja, em uma relação de tensão com as forças da natureza e da cultura. Como diz Bruno Snell, o ser humano, ali, ainda não acreditava possuir em si mesmo um princípio de ação; a ideia de uma interioridade ainda não havia nascido. A vontade, ao contrário de um princípio interno, era pensada como uma tensão de forças entre os deuses e os humanos. Se concordamos que os deuses gregos eram imanentes e representavam em sua esmagadora maioria forças da natureza, então a tensão de forças que marcava a individualidade grega nesse período pode ser concebida como um jogo entre o ser humano como indivíduo e a natureza como totalidade. Um jogo em que os seres humanos sempre perdiam, por isso a relação se dava mais por sedução do que por domínio: os seres humanos buscavam atrair, seduzir, valorizar os deuses, para que se tornassem seus eleitos e fossem honrados por eles.

136 | O sujeito moderno

Foi na época trágica que surgiu pela primeira vez a noção de vontade, como um princípio de ação interiorizado. No século V a.C., os seres humanos, por meio do modelo trágico de pensamento, passaram a desafiar a vontade dos deuses; agora, de um lado, os deuses determinavam a vida dos humanos e, do outro, os humanos lutavam para dirigir a sua própria vida. Mas, ainda aqui, os seres humanos perdiam sempre que tentavam se sobrepor aos deuses, e eram submetidos a um cruel sofrimento. De qualquer modo, é um princípio de vontade que está nascendo, uma vontade que vai se fortalecer e se constituir com o surgimento do socratismo, a fase antropológica do pensamento grego.

Sócrates se apropria da máxima apolínea do "Conhece-te a ti mesmo", dando a ela o sentido de uma busca por definição não somente dos valores, mas de si mesmo. É com o surgimento da filosofia, a partir da valorização da alma como caminho para o bem e para a verdade, que o eu começa a surgir, com o objetivo explícito ou implícito de se constituir como origem, como princípio de ação, como interioridade. Com o surgimento da racionalidade na Grécia antiga, surgem as bases para a constituição de um tipo de ser humano que vai atingir seu ápice na Modernidade.

A subjetividade moderna, esta que ainda somos, se sustenta no sujeito que acredita pensar e agir, determinar, escolher, a partir de si mesmo. A partir da Modernidade, pensar é um acontecimento isolado dos fatores externos e pertence unicamente ao sujeito que pensa. Mais do que pensar o Ser, ele busca se identificar com o Ser; o que era um princípio metafísico por excelência, e pertencia ao absoluto, agora confere ao humano plena autonomia: o sujeito é o princípio por excelência do pensamento e da ação.

A Modernidade, segundo pensa Nietzsche, é o processo de substituição de valores que aconteceu em função do que ele chama de "morte de Deus", quando os valores superiores foram substituídos por valores humanos: os valores sustentados pela ideia de absoluto, de essência e de Deus, foram substituídos pela crença na ciência, na consciência e no sujeito. O que surge na Modernidade é uma nova instância de avaliação: o julgamento divino foi substituído pelo julgamento humano, em função do nascimento de uma razão consciente de si. O que marca a Modernidade é o nascimento de uma subjetividade autônoma e consciente de si, que se sustenta em uma racionalidade igualmente autônoma, capaz de julgar, discernir, dirigir. É a razão científica moderna, autoconfiante, que mata Deus, substituindo os desejos de eternidade pelos projetos de futuro. O ser humano moderno, representado pelo cientista, é aquele que acredita ser capaz de realizar o projeto socrático de curar a ferida da existência, o tempo, o sofrimento, a morte.

O que marca a Modernidade é a supervalorização da ideia de ser humano em detrimento da ideia de Deus. Foi o ser humano quem matou Deus, anuncia o louco com uma lanterna acesa durante o dia: "Para onde foi Deus? – grita. – Vou lhes dizer! Nós o *matamos*, vós e eu! Nós todos, nós somos seus assassinos!"[3] O

---

3. Friedrich Nietzsche, "O insensato", in *A gaia ciência*, aforismo 125.

138 | O sujeito moderno

ser humano está órfão de Deus porque acredita na imagem única e causal que faz de si mesmo e reivindica o lugar de princípio, de ordenação do mundo. São a certeza na unidade e na causalidade de sua vontade e a segurança na clareza e na consciência de suas avaliações que asseguram ao ser humano moderno sua capacidade de viver sem Deus. A insurreição humana contra o princípio, até então sagrado e absoluto, torna-se possível pela crença na razão, na consciência de si como princípio de avaliação. Mas a ideia moderna de sujeito tem suas raízes na época clássica. Foi com Descartes, diz Nietzsche, que essa concepção de sujeito como unidade e princípio surgiu.

O cartesianismo representa a retomada do pensamento argumentativo e crítico, depois de, por séculos, o saber revelado ter predominado na Idade Média. Movido pela necessidade de retomar a crítica, e muito influenciado pela ciência que surgia, sentado, sozinho, diante do fogo, Descartes busca, em suas famosas *Meditações*, desfazer-se de todas as falsas opiniões até encontrar um ponto fixo, uma verdade. Para isso, propõe um método: duvidar de todas as coisas e rejeitar tudo que manifeste o menor sinal de dúvida. A primeira coisa que põe em dúvida é a evidência dos sentidos.

Como posso acreditar no que vejo, ouço, percebo se todos sabemos que os sentidos nos enganam? Como posso ter certeza de que eu esteja aqui, sentado junto ao fogo? Como poderia eu ter certeza de que estas mãos são minhas? Os loucos acreditam que são reis. Além do mais, quantas vezes sonhei que estava

A espécie que sabe | **139**

neste lugar, vestindo esta roupa? Mas, mesmo sonhando, consigo admitir que dois mais dois são quatro e o quadrado terá sempre quatro lados. Mas e se um deus enganador, ou um gênio maligno, me fez acreditar nessas verdades? Como posso ter certeza de que isso não é um engano? Mas e eu, serei eu alguma coisa? Eu, que me convenci de que nada existia no mundo, terei me convencido também de que não existo? Certamente não. Se me engano, não há dúvida de que sou alguma coisa. Sou uma coisa que pensa, que duvida. Posso duvidar de tudo, mas tenho certeza de que estou aqui pensando, duvidando.[4]

E conclui: "Penso, logo existo."

O que define a razão cartesiana não é a certeza ligada ao objeto do pensamento, mas a garantia fundada no fortalecimento do sujeito que pensa. O pensamento é o ponto fixo, e se existe pensamento é porque existe alguém que pensa, então eu existo, eu sou o ponto fixo capaz de sustentar o pensamento. Em outras palavras, a certeza do pensamento está na estabilidade e na verdade daquele que pensa; o sujeito é a garantia da verdade e da estabilidade da razão. Para ele, Deus plantou no ser humano as sementes da verdade, e a experiência pode fazê-las germinar; para isso era preciso um sujeito estável.

Mas Descartes foi vítima dos próprios preconceitos que ele tanto quis denunciar. Buscando produzir um conhecimento

---

4. Um resumo feito por mim de um trecho das *Meditações metafísicas*, de René Descartes.

seguro, ele começou por instaurar a necessidade de duvidar de todas as suas opiniões, mas não é o que de fato cumpre. A argumentação de Descartes, diz Nietzsche, reduz-se a admitir que, se existem pensamentos, é porque alguma coisa pensa, e essa coisa sou eu. Ao sustentar sua certeza em duas "afirmações temerárias", o pensamento e o sujeito, ele termina por separar o pensamento daquele que pensa; ou seja, o pensamento é uma substância produzida por um substrato sujeito.

> Se decomponho o processo que está expresso na proposição "eu penso", obtenho uma série de afirmações temerárias [...] por exemplo, que sou *eu* que pensa, que tem de haver necessariamente um algo que pensa, que pensar é atividade e efeito de um ser que é pensado como causa, que existe um "eu", e finalmente que já está estabelecido o que designar como pensar – que eu *sei* o que é pensar.[5]

É na distinção entre autor e ação que repousa a certeza cartesiana, mas essa distinção não existe. Essa argumentação nada mais faz do que reproduzir um hábito gramatical que associa causa e efeito, sujeito e predicado. Trata-se da reprodução de um postulado lógico-metafísico, uma categoria que, no entanto, foi tomada como "certeza imediata". A imprudência de Descartes foi não ter duvidado da linguagem, apoiando sua verdade inquestionável em uma ficção.

---

5. Friedrich Nietzsche, *Além do bem e do mal*, § 16.

É preciso duvidar da verdade do pensamento: pensar não existe do modo como estabelecem os teóricos do conhecimento; é uma ficção arbitrária e fantasiosa, para facilitar a compreensão. Contra a certeza cartesiana fundada no pensamento, Nietzsche afirma: um pensamento vem quando ele quer e não quando eu quero; se eu não posso controlar meus pensamentos, se pensamentos brotam em minha cabeça, muitas vezes me provocando perplexidade, espanto, como atribuir meus pensamentos a mim? Quem ou o que em mim pensa? É a pergunta.

O pensamento não parte de uma origem, de uma intenção, do eu, ou da consciência, mas resulta de uma guerra, de um confronto plural e instável entre redes de sentido e complexos campos de forças. A linguagem é uma ordenação do múltiplo, um processo de simplificação para efeito de comunicação e acordo, mas que repousa sempre sobre o caos, sobre o excesso; há sempre um caos de sentido ao redor de tudo o que é dito. Pensar é impor sentido, algum sentido, ao excesso. O ser humano, em todos os sentidos e perspectivas, está submetido à vida, é produto da exterioridade, por isso não é uma unidade estável, mas uma eterna luta contra e ao mesmo tempo a favor de si mesmo; somos uma multiplicidade, um fluxo, uma tensão de forças.

A ideia de sujeito é uma ficção que oculta uma pluralidade de forças, de instintos, de sentidos. Sujeito e pensamento são reduções da língua, são palavras; por trás dessas simplificações existe um "afeto", a busca por superação, por expansão. O pensamento, por isso mesmo, não se reduz aos códigos e, em sua maior parte, traduz forças instintivas: "A maior parte do pensamento conscien-

142 | O sujeito moderno

te deve ser incluída entre as atividades instintivas, até mesmo o pensamento filosófico."[6] É nesse sentido que o pensamento é uma ficção. O pensamento não é uma "realidade" da mesma forma que o sujeito não é uma identidade.

Na necessidade de se sustentar, a razão clássica, inaugurada por Descartes no século XVII, trouxe, em sua constituição, uma relação de exclusão; para que o sujeito que detém a razão pudesse ser estável a ponto de ser a garantia da verdade e da certeza, foi preciso que a loucura, os sentidos, o erro, fossem colocados fora do seu domínio. Para Michel Foucault,[7] a história da razão somente pode ser contada a partir da história da loucura; a história da loucura é "o outro" da história da razão. Falar da loucura, e especialmente das práticas médicas sobre ela, é se deparar com o que a razão precisou excluir para que pudesse existir.

Razão e loucura nascem de uma cisão no interior da linguagem, cisão que produz de um lado a razão como positividade, como afirmação, e de outro, a loucura como negatividade, como ausência de razão. É a crença de que a loucura pode ser excluída do domínio do discurso que possibilita a razão como um discurso da verdade; a segurança e a certeza das categorias da razão se fundamentam em uma linguagem que deve excluir o delírio, os excessos. Se essas instâncias, razão e loucura, se comunicarem, se algum tipo de troca existir entre elas, a razão vai estar ameaçada pelo contágio do erro, da ilusão. É preciso,

---

6. Friedrich Nietzsche, *Além do bem e do mal*, aforismo 3.
7. Michel Foucault, *História da loucura*.

A espécie que sabe | **143**

para fundar a razão moderna, que a loucura seja excluída do discurso. Esta relação de exclusão, segundo Foucault, vai condenar a loucura ao isolamento, e é esta mesma relação de exclusão que vai, com a garantia da não loucura do sujeito que conhece, sustentar o movimento pelo qual Descartes chega à verdade. Esta é a pretensão de Descartes: "Aprender a bem conduzir a razão para descobrir as verdades que se ignoram."[8]

A razão consciente de si, ao querer se tornar o conhecimento capaz de enunciar a verdade, se constitui cada vez mais como uma oposição ao erro, ao delírio, ao corpo, aos afetos. Mas a consequência dessa cisão não foi somente o silêncio imposto à loucura; a partir da Idade Clássica o ser humano racional, afastado de uma porção significativa e constitutiva do seu si mesmo, se reduz a um modelo excessivamente autocentrado, afastado dos afetos, dos instintos, do corpo, e aprisionado, cada vez mais, na linguagem e na moral.

É no início da Idade Clássica, mais propriamente no pensamento cartesiano, que Foucault identifica a cisão entre razão e loucura. Essa cisão produz não somente, e ao mesmo tempo, razão e loucura, mas o domínio da primeira sobre a segunda. A internação dos loucos é apenas a parte visível do confinamento a que foi submetida a loucura na Idade Clássica. A exclusão social do louco, que data do nascimento das casas de internação no século XVII, e dos asilos no início do século XIX, reproduz um isolamento constitutivo, dado por aquela cisão originária

---

8. René Descartes, *Meditações metafísicas*.

144 | O sujeito moderno

que se deu ao nível da linguagem: "A linguagem da psiquiatria, que é monólogo da razão *sobre* a loucura, só se deu sobre tal silêncio."[9] A loucura, incapaz de razão e de verdade, é capturada pela medicina, que, por sua vez, detém razão e verdade sobre a loucura. Essa apropriação vai aperfeiçoar o distanciamento produzido pela cisão cartesiana: agora, cada um, isoladamente, se relaciona com o mundo abstrato da doença. O psiquiatra não se relaciona com o louco, mas com o doente, e o louco não se relaciona mais consigo mesmo nem com o outro, mas com a doença que o define.

A *História da loucura* não somente permite colocar em questão o lugar de exclusão dado à loucura, mas discute, ainda, a racionalidade do ser humano moderno. A verdade da razão é aquilo que ela quer obstinadamente esconder. O fundamento da razão é o outro da razão, é a loucura. "A grande obra da história do mundo é incontestavelmente acompanhada de uma ausência de obra que se renova a cada instante, mas que corre inalterada em seu inevitável vazio ao longo da história."[10] A história, que se fundamenta na produção e crença no sentido, se sustenta sobre o fluxo inalterável e vazio da ausência de sentido. Ao excluir a loucura do discurso, a razão sonha não somente com a exclusão, mas com a eliminação mesma da loucura da face de nossa cultura. Mais do que isso, o que o discurso racionalista quer eliminar é tudo que seja outro, exterior, desconhecido, escuro, mudança, morte.

---

9. Michel Foucault, "Primeiro prefácio", in *História da loucura*, vol. I, p. 141.
10. Michel Foucault, *Ditos e escritos*, vol. I, p. 144.

A espécie que sabe | **145**

Houve um tempo em que o ser humano negou a vida a partir da crença em um outro mundo, um mundo de essências e verdades, de valores absolutos, dado pelo Deus cristão e pela metafísica platônica. O ser humano da Modernidade reagiu a esse princípio porque acreditou na estabilidade de sua vontade, de sua consciência, de sua razão; a racionalidade moderna sonhou com o futuro, quando as contradições, o tempo, o sofrimento desapareceriam pelas mãos da ciência. A razão moderna é aquela que acreditou poder tornar-se o novo princípio de avaliação e criação do mundo. Se a ideia de vontade, que aparece pela primeira vez na tragédia grega, resulta da simplificação de diversos estados do querer, dando a ideia de uma unidade interna, que de fato não existe, essa unidade ainda diz respeito ao corpo, aos sentimentos, às sensações, às contradições, ao passo que o sujeito cartesiano é o exercício do pensamento sobre o pensamento; a verdade do sujeito é o pensamento. Se na epopeia e na tragédia o ser humano se reconhece por seus gestos, por suas ações, na Modernidade ele se reconhece por aquilo que imagina ou pensa ser. A eterna luta do ser humano racional é a disparidade entre a imagem que faz de si mesmo e aquilo que consegue ser em seu dia a dia. Ao se pautar na identidade e na unidade subjetiva, a racionalidade isolou o ser humano em si mesmo e o fez acreditar, especialmente a partir da Modernidade, que ele era princípio de suas próprias ações; distante do mundo e de suas infinitas conexões, sem o alimento explosivo da exterioridade com seus conflitos, o ser humano, fraco, sem vida, passou a querer ali-

146 | O sujeito moderno

mentar-se de si mesmo, a partir das avaliações de sua própria razão. Uma cabeça obesa é o que nos restou como herança, e uma vida idealizada arrastada por um corpo raquítico.

O sujeito moderno foi o alvo maior do pensamento; todos os investimentos filosóficos tiveram como alvo fortalecê-lo, prepará-lo para essa função de ordenação do ser humano e do mundo. O ser humano moderno, consciente de si, sustentado em uma racionalidade igualmente autônoma, vai, como vimos, realizar a "morte de Deus" e efetivar seu projeto de "consertar" o mundo, de impor sua vontade sobre a natureza. É esse modelo de homem, em que a razão é uma contranatureza, que hoje parece desabar diante do desgaste moderno, do seu fracasso, da sua exaustão.

Parte IV

Um conceito ampliado de razão

CAPÍTULO 13

Hume e Kant

> "Reconhece-se que a suprema conquista da razão humana é reduzir os princípios produtivos dos fenômenos naturais a uma maior simplicidade, e subordinar os múltiplos efeitos particulares a algumas poucas causas gerais, por meio de raciocínios baseados na analogia, experiência e observação."[1]

Hume partiu de uma crítica ao racionalismo, que se tornava cada vez mais especulativo, mais distante da experiência, e buscava retornar à forma original pela qual o ser humano conhece, queria retornar ao modo como a criança experimenta o mundo. Para ele, o ser humano possui impressões de um lado, e ideias de outro. Por impressão ele entende as sensações, as paixões, as emoções quando aparecem pela primeira vez, vindas do mundo exterior. Por ideia, entende a lembrança dessa impressão. Se sentimos alguma dor, por exemplo, quando queimamos a mão no fogo, o que experimentamos é uma impressão imediata.

---

1. David Hume, *Investigações sobre o entendimento humano*, p. 59.

Depois de um tempo nos lembramos dessa queimadura, e essa lembrança ele chama de ideia, noção.

A impressão é mais forte e mais viva do que a lembrança que se tem dela mais tarde. Podemos chamar a impressão de original e a ideia ou a lembrança de uma cópia pálida e enfraquecida do original. Ao contrário de Platão, que considera a ideia o fundamento de tudo, e a matéria uma cópia deturpada da ideia, Hume afirma que a experiência é tudo, e a ideia apenas um rastro, uma lembrança. Para ele, quanto mais próximas das sensações nossas ideias estiverem, mais nítidas e fortes elas serão. E quanto mais abstratas, mais pálidas e sem força.

Se as ideias não nasceram de nenhuma experiência, então são sem importância. Devemos evitar generalizações como "tudo", "nunca", "sempre", e evitar a busca pela universalidade dos conceitos, como faziam Platão e Aristóteles. Essas afirmações não podem corresponder à realidade, que é sempre plural, diversa, ao mesmo tempo particular, individual, então a base universal da racionalidade é um equívoco.

"Toda mudança necessita de uma causa." Será mesmo possível fazer essa afirmação?, pergunta-se Hume. Não é a própria razão que me obriga a fazer essa conexão inseparável? A causalidade não é uma condição das coisas, diz ele. Experimentamos, muitas vezes, uma pedra cair ao chão quando a soltamos, só que não experimentamos o fato de que ela vai sempre cair. Em geral dizemos que a pedra cai por força da gravidade. Só que nós nunca experimentamos essa lei, tudo que experimentamos é que as coisas caem. Você acredita que sempre vai cair porque já viu isso muitas vezes, é o hábito que faz com que você pense que isso é uma lei imutável da natureza.

Toda lei da natureza é uma generalização. O fato de durante toda a vida alguém só ter visto corvos pretos não significa que não haja corvos brancos. Isso para Hume é produto do hábito, e não algo racional. Vimos leis fixas na natureza porque elas, para nós, se tornaram um hábito. Muitos consideram o raio a causa do trovão, pois o trovão sempre se segue ao raio, mas será que o raio é mesmo a causa do trovão? Não exatamente. O raio e o trovão acontecem ao mesmo tempo, mas um não causa o outro; ambos são consequência de uma descarga elétrica. A noite sempre vem depois do dia, mas isso não quer dizer que o dia causou a noite; os dois são resultado da rotação da Terra. Todo conhecimento provém dos sentidos, das sensações, e não passa de impressões, por isso, todo conhecimento racional de objetos é ilusório.

O grande mérito de Hume foi libertar o pensamento da opressão de uma razão universal, previamente inscrita nas coisas e que deveria ser decifrada pela filosofia e pela ciência. Para ele, não há uma ordem do mundo, guiada por uma razão universal única, mas ordens diversas e mutáveis que devemos buscar compreender; Hume foi o primeiro a considerar o conhecimento um ultrapassar da experiência. Segundo o próprio Kant, Hume o despertou de seu sono dogmático, porque, por mais que tentasse, não encontrou um modo de combatê-lo. Como um professor de metafísica que falava de Deus, da alma, do bem, viu ruir "o que até aqui se chamou metafísica". Se a razão não consegue sequer ampliar um conceito que tenho de um objeto da experiência,

152 | Hume e Kant

o que dizer dos que estão "além da experiência", como o Ser, Deus, o bem? "Toda a *Crítica da razão pura* é escrita para nos convencer de que, quando formulamos um conhecimento, nada desvendamos do 'ser em si'."[2]

O pensamento kantiano se constitui como uma investigação sobre as possibilidades da razão, como uma crítica radical de toda metafísica. A crítica começa por estabelecer que o conhecimento não pode legitimamente exceder os limites da experiência, ou seja, lá onde a metafísica localiza seu objeto: por partir sempre da experiência, não podemos conhecer o suprassensível. Deus, a alma, o mundo. A função essencial da razão é, na verdade, a legislação: ela dita leis à natureza e à liberdade.

Kant acreditava que tanto os sentidos quanto a razão eram determinantes no conhecimento. O conhecimento nasce dos sentidos, da experiência que temos do mundo, de nossas sensações, porém existem em nós algumas condições que determinam o modo como percebemos o mundo. Ao mesmo tempo que somos estimulados por sensações que nos chegam de fora, temos uma forma própria de receber e ordenar esses estímulos; é essa forma própria, ou seja, nosso intelecto, que por fim dá forma ao mundo. O mundo é, para nós, o resultado de como somos capazes de concebê-lo, não de um modo particular, pessoal, mas do modo universal e necessário, e que nos caracteriza como espécie. Se nossos sentidos e nosso cérebro fossem outros, o mundo também seria outro para nós.

---

2. Gérard Lebrun, *Sobre Kant*, p. 11.

A ideia fundamental para Kant consiste em substituir a ideia de uma harmonia entre sujeito e objeto, de um acordo entre a ordem das ideias e a ordem das coisas, pelo princípio de uma submissão necessária do objeto ao sujeito. Tudo o que conhecemos, desde uma percepção, uma sensação, até uma lembrança, um pensamento, é apreendido por nós por meio de nosso intelecto. Então somente conseguimos conhecer aquilo que nosso intelecto é capaz de captar; o que não pode jamais poderá ser objeto de conhecimento. O infinito é uma dessas coisas; a liberdade, a imortalidade e Deus são outras que não podem ser apreendidas por nosso aparelho de pensar. Na verdade, nunca poderemos saber o que as coisas são, apenas saberemos o que são para nós.

Kant chama de fenômenos as coisas que aparecem e que se submetem à nossa faculdade de conhecer. O que se dá imediatamente a nós, sem a mediação do conceito, é chamado de intuição. As únicas intuições sensíveis que temos são as intuições de espaço e de tempo. O que o humano sente, imediatamente, em sua relação com o mundo é a intuição externa do espaço e a intuição interna do tempo. Tempo e espaço se constituem, portanto, como as primeiras coordenadas que a pluralidade e a complexidade das coisas ganham quando as percebemos: tudo é sempre percebido em uma relação com o espaço, ou seja, é localizado; do mesmo modo, não sentimos nada que não esteja configurado em uma relação temporal. Somente tempo e espaço nos são dados imediatamente; todo o resto é representação.

A representação é uma síntese que necessariamente fazemos do que se apresenta, ou seja, de tudo que nos afeta. Toda representação está relacionada com algo que não se limita ao sujeito nem ao objeto, mas a determinadas relações entre eles. As relações que podem existir entre o humano e o mundo Kant denomina como faculdades do espírito; conhecer, querer, sentir dor ou prazer. Quando a relação está focada no objeto, do ponto de vista do acordo ou da conformidade, a faculdade é a de conhecer. O domínio aqui é o da razão teórica, e trata dos limites do conhecimento, de suas possibilidades. Mas quando essa relação com o objeto é de causalidade, a faculdade é a de desejar. O domínio aqui é o da razão prática, porque é ela, a moral, quem dita as regras para a ação humana, ou seja, determina os limites para o querer. E quando, enfim, a relação está focada no sujeito, em como ele é afetado, no aumento e na diminuição de sua força vital, a faculdade é a de sentir dor ou prazer. O domínio aqui é o estético, que diz respeito ao juízo de gosto, que não legisla, não determina, mas serve de ponte aos dois domínios anteriores: o teórico e o prático.

As faculdades foram apresentadas segundo as relações da representação em geral – conhecer, querer, sentir –, mas podem ser pensadas também em um segundo sentido, como fontes de representação: imaginação, entendimento, razão. Cada faculdade, em um primeiro sentido, corresponde a uma determinada relação entre as três faculdades no segundo sentido. Na faculdade de conhecer, que se dá no domínio teórico, temos a sensibilidade, o entendimento e a razão, conduzidos pelo entendimento, que determina aquilo que é: "É um pássaro." Quando, em vez de conhecer, a faculdade é a de desejar, a de querer, sensibilidade e entendimento se submetem à razão, o que acontece no domí-

A espécie que sabe | **155**

nio moral, que diz aquilo que deve ser: "Não pode é lei." Mas, na faculdade de sentir dor ou prazer, que acontece no domínio estético, sensibilidade, entendimento e razão se relacionam sem que uma faculdade domine as outras; o acordo é livre entre as partes, que afirmam: "É belo."

Por que a faculdade de sentir é tratada por Kant como algo que se refere ao juízo de gosto, ou seja, à dimensão estética, à arte? Porque para ele essas são formas superiores do sentimento, dizem respeito a um afeto desinteressado. "O que conta não é a existência do objeto representado, mas o simples efeito de uma representação sobre mim."[3] Sentir diz respeito ao sujeito, não ao objeto. Quando o que domina é o querer, o sentir dor ou prazer depende da posse do objeto, mas na arte o sentir pode se manifestar livremente, porque independe de ganho ou perda: o prazer estético é o lugar por excelência do sentir. Por não buscar entender nem obter o objeto, por se fundar no sujeito, o sentido estético não sintetiza, não conclui nem determina; ele sente. E a harmonia entre as faculdades, o livre acordo entre elas que suscita prazer. O objeto não é julgado, no juízo de gosto, pelo que ele é, mas pelo que é capaz de me fazer sentir.

No que diz respeito à faculdade de conhecer, a primeira etapa é passiva: as sensações são ordenadas na relação espaço temporal que caracteriza nossa percepção sensível. A segunda etapa é ativa: o *eu penso*, ou a unidade da consciência, aplica as categorias do intelecto, princípios que determinam nossa percepção e concepção,

---

3. Gilles Deleuze, *A filosofia crítica de Kant*, p. 54.

ao material que chega por meio da sensibilidade, em conceitos. E a razão, por último, como faculdade dos fins, relaciona conceitos em busca dos princípios, da causa primeira, da ideia. A imaginação esquematiza, o entendimento julga e a razão raciocina e simboliza. É relativamente aos conceitos do entendimento que a razão trabalha; ela lhes confere um máximo de unidade e extensão. Mas, indo além dos conceitos do entendimento, a razão nos faz buscar os princípios e a causa primeira. Kant nos alerta para a impossibilidade de conhecer o que está além da sensibilidade; a razão pode ser uma fonte de ilusões. Para Kant o ser humano deve desistir de construir um saber absoluto; todo saber está limitado à nossa estrutura, ou seja, aquilo que em nós é universal e necessário.

É importante perceber como é sempre por meio de uma síntese que as etapas do conhecimento se dão: para conhecermos alguma coisa é necessário termos não só uma representação, mas uma síntese de representações; a própria representação se define como conhecimento por ser uma síntese do que se apresenta.[4] E a síntese é sempre um ato da imaginação, que esquematiza a pluralidade, permitindo o conceito. Mesmo na razão pura, na faculdade de conhecer, o estético é quem faz a ponte entre a natureza dos corpos, das sensações, e os conceitos do entendimento. Do mesmo modo, a faculdade do juízo está contida entre o entendimento e a razão, fazendo a passagem entre ambos.

---

4. É preciso dizer ainda que o conhecimento ultrapassa a síntese: implica a pertença das representações a uma mesma consciência. Todo uso do entendimento se desenvolve a partir do *eu penso*; mais ainda, a unidade do *eu penso* é o próprio entendimento.

Para Kant, o reino da natureza, determinando a vida dos seres humanos, de um lado, e o reino moral, onde os humanos lutam contra a natureza na tentativa de determinar a própria vida, de outro, parecem excluir-se mutuamente. Por isso, deve existir uma função mediadora, ele pensa, um elo entre a natureza e a liberdade. Subjugar o moral ao sensível seria o mesmo que destruir o fundamento da moral; e submeter o sensível ao moral seria ignorar a existência sensível. A dimensão estética, presente especialmente no juízo de gosto, apresenta-se, para Kant, como uma possibilidade de conciliação, de intermediação, que não exclui os contrários, mas os integra. É a dimensão estética que faz a ponte entre a natureza, que o ser humano busca conhecer e dominar, mas que o submete, e a moral, como busca pela liberdade, que pertence ao domínio unicamente humano na tentativa de se contrapor à natureza.

Uma das grandes contribuições de Kant, ao que me parece, foi ter rompido com a unidade da razão, mostrando que ela é uma estrutura composta e complexa, que acontece em função da relação do ser humano com o mundo a partir de três dimensões, que se completam e retroalimentam: conhecer, querer, sentir. A unidade da razão, como estrutura complexa, depende das diversas habilidades e potências do ser humano, ou seja, não está restrita ao intelectual. Desenvolver-se moralmente e, em especial, esteticamente é uma exigência para o exercício da razão, mesmo quando se trata da razão pura teórica, como vimos.

CAPÍTULO 14

Schiller e a educação estética

> "Na oposição entre razão e natureza pode surgir
> uma síntese chamada Razão [com R maiúsculo],
> mas será uma razão que convém à natureza, como
> pode surgir uma natureza, mas será uma natureza
> que contém a razão."[1]

Para Anatol Rosenfeld, a concretização de muitas ideias kantianas apenas esboçadas coube a Schiller, especialmente no domínio da estética.

O humano, pensa Schiller, é determinado pelas forças da natureza e, na grande maioria das vezes, perde para ela. A única liberdade humana consiste em não se deixar escravizar, o que implica exercer o senso moral por meio da linguagem e do pensamento. A capacidade humana de criar valores representa o domínio próprio do ser humano; eles são o modo humano de se contrapor à natureza, por isso não derivam da necessidade, mas da liberdade. É por "claro saber e livre decisão" que o ser humano troca o estatuto

---

1. Anatol Rosenfeld, "Introdução", in *Cartas sobre a educação estética da humanidade*, de Friedrich Schiller, p. 26.

160 | Schiller e a educação estética

da independência, no estado natural, pelo do contrato, no estado moral. No entanto, essa contraposição entre a natureza de um lado e o ser humano do outro se compõe como um combate que pode aniquilar o ser humano, porque gera uma luta sem fim. Somente o senso estético, ele diz, como um terceiro caráter, pode fazer a ponte entre esses dois domínios; é ele que desfaz essa polaridade, porque aproxima o que a razão afasta. Se a razão teórica precisa decompor, separar, o senso estético se caracteriza por compor, aproximar. O senso estético existe para reunir o que a razão teve que separar.

Enquanto apenas luta contra a natureza, por meio do conhecimento que fragmenta o mundo tentando conhecê-lo ou dominá-lo, o ser humano perde, porque, em última instância, é sempre finito, mortal. Mas ele pode, auxiliado pelo senso estético, não lutar contra o mundo, o que implica não o fragmentar, mas se ver inserido nele e, fortalecido pelo sentimento de pertencimento, tornar-se capaz de lidar com as perdas. A faculdade do juízo, diz Kant, é a capacidade de pensar o particular contido no universal.[2] Por isso, somente ela é capaz de desfazer a unidade fictícia e provisória do sujeito particular, reinserindo-o na totalidade que o sustenta e alimenta. E a sua consciência individual, ou seja, é o saber de si como provisório que o faz sofrer. Quando o ser humano se sente inserido no todo, o sofrimento particular perde importância e ele, então, não sucumbe e vence a natureza não pela força, mas pelo puro exercício da liberdade moral, que fortalece, amplia, alarga a alma.

---

2. Sempre relacionar o particular ao geral é, para Schopenhauer, uma das marcas do gênio. Cf. § 36 de *O mundo como vontade e representação*.

A faculdade de julgar, ao se constituir como uma livre combinação entre as faculdades, sem a necessidade de emitir um juízo sobre o objeto, mas sobre si mesma, termina por entrar em uma relação de harmonia com a natureza, dando essa sensação de pertencimento, de entendimento sem conceito, de participação. A dimensão estética, o lugar por excelência do sentir, que elabora os afetos, é também aquilo que nos alimenta e fortalece. Em vez de apenas buscar vencer objetivamente o mundo, o humano pode, ainda e fundamentalmente, fortalecer a si mesmo para ser capaz de lidar com o mundo. A elaboração do sentir, que acontece no juízo de gosto, resulta nesse fortalecimento humano, especialmente porque se dá no próprio ser humano, não está em relação de causalidade com nada exterior a ele, com nenhum objeto. O senso estético diz respeito a como nos sentimos em relação ao mundo, não diz respeito ao mundo, por isso se dá no domínio da liberdade e não da necessidade.

Mas a elaboração da faculdade de sentir também interfere no domínio teórico da razão, quer dizer, em nossa inteligência argumentativa, filosófica e científica. Nossa capacidade estética é uma das três dimensões essenciais da razão pura, que, para exercer o seu domínio, como razão teórica, prática ou estética, precisa da integração destas três faculdades: sensibilidade, imaginação, entendimento. A cultura deve, por isso, cuidar para que a razão se institua pelo desdobramento integrado dos diferentes domínios que a compõem, o que exige uma mobilização integral das potencialidades do humano. Um caráter pleno é aquele no qual a saúde da cabeça, do pensamento, e a pureza da vontade, do corpo, formam um todo.

162 | Schiller e a educação estética

Essa totalidade dos diferentes domínios do humano, que Schiller percebe fragmentados e isolados em seu tempo, no entanto, estava harmoniosamente integrada na cultura grega arcaica.

> Naqueles dias do belo acordar das forças espirituais, os sentidos e o espírito não tinham, com rigor, domínios separados. [...] Por mais alto que a razão subisse, arrastava sempre consigo, amorosa, a matéria, e por finas e nítidas que fossem as suas distinções, nada ela mutilava. Embora decompusesse a natureza humana para projetá-la, aumentada em suas partes, no maravilhoso círculo dos deuses, não o fazia rasgando-a em pedaços, mas sim compondo-a de maneiras diversas, já que em deus algum faltava a humanidade inteira. Quão outra é a situação entre nós mais novos. [...] Eternamente acorrentado a uma pequena partícula do todo, o homem só pode formar-se enquanto partícula.[3]

Mas a humanidade grega precisou separar-se da sensação e da intuição para ir ao encontro da nitidez do conhecimento. A cultura de um modo geral ganhou, mas o ser humano individual perdeu. Tornou-se vítima de sua própria cultura. A unidade interior da natureza humana se rompeu, produzindo uma luta infinda do ser humano consigo mesmo: o que nele é natureza, seus instintos, seu corpo, luta contra o que nele é cultura, seus valores morais, seu pensamento. Fragmentado pela razão que a tudo separa, o ser humano torna-se cada vez mais escravo, já que, para encontrar a liberdade,

---

3. Friedrich Schiller, *Cartas sobre a educação estética da humanidade*, carta VI.

diz Schiller, ele precisa encontrar a totalidade do seu caráter. Em vez da vida concreta, individual, o ser humano se transforma em uma "totalidade abstrata", precária, estranha.

"A mais urgente necessidade de nossa época parece ser o enobrecimento dos sentimentos e a purificação ética da vontade."[4] Se a cultura teórica retifica os conceitos, alinhando-os, então ajuda na formação do caráter; mas somente a cultura estética é capaz de cuidar da purificação dos sentimentos: a arte elabora os afetos, desdobra-os e refina-os, do mesmo modo que o pensamento filosófico faz com os conceitos. As artes do belo e do sublime, diz Schiller, vivificam, exercitam, refinam a faculdade de sentir, levando-nos a gostos cada vez mais elaborados, até sermos capazes de atingir a pura contemplação das formas em que se dá o exercício pleno da liberdade.

Schiller pensa a criação de um estado estético no qual o impulso lúdico da criação artística educaria o ser humano para a liberdade, até o ponto em que a moralidade se tornasse uma segunda natureza, com raízes na sensibilidade, e não somente na razão e na cultura teórica, como tem sido. "Se queremos contar com a conduta moral do homem como um sucesso *natural*, essa conduta deve *ser* da natureza do homem para que os próprios impulsos o levem a uma espécie de comportamento que em si seria consequência do caráter moral."[5] As forças da imaginação, da sensibilidade e das emoções são muito mais eficazes sobre o agir do que a formulação de princípios abstratos e do que qualquer fundamentação teórica da moral. Desenvolver o

---

4. Friedrich Schiller, *Cartas sobre a educação estética da humanidade*.
5. *Ibidem*, carta IV.

164 | Schiller e a educação estética

sentido estético significa apostar nas qualidades superiores do ser humano, em sua razão, sua sensibilidade, sua ação, sua liberdade.

Não é conhecer nem querer o fundamento da vida, mas sentir. Conhecer e querer diz respeito à necessidade; somente o sentir é enfim livre. "Somente a arte nos proporciona prazeres que não precisam antes ser merecidos, prazeres que nenhum sacrifício custam, que não são adquiridos a troco de arrependimento algum."[6] Já o conhecer e o querer, por estarem em uma relação de conformidade ou de causalidade com o objeto, dependem de algo exterior, por isso pertencem ao domínio da escravidão e não da liberdade. Como entre sujeito e objeto não existe uma continuidade, as relações de conformidade e causalidade não podem se dar plenamente. Jamais conhecemos totalmente algo ou alguém, assim como jamais possuímos completamente o objeto do nosso desejo, e isso produz insatisfação e sofrimento. Somente o sentir pode ser pleno e livre, e esse sentir se dá no estado estético.

Schiller, seguindo o pensamento kantiano, defende um conceito mais ampliado de razão, partindo da concepção de três esferas distintas e autônomas, as esferas estética, teórica e moral. A razão é produto da relação entre essas três esferas, o que significa que a deficiência em uma delas coloca em questão a razão como um todo. Se a razão é uma unidade que resulta desses três domínios, então é preciso pensar a relação entre eles, como se comunicam entre si e com a vida diária. Schiller não afirma a existência de um princípio unificador que sobressai em detrimento dos outros,

---

6. Friedrich Schiller, *Teoria da tragédia*, p. 14.

por isso a formação do caráter deve primar por um equilíbrio entre essas três dimensões. Mais do que isso, como é evidente a primazia do teórico e do prático, ao menos no que ficou estabelecido como civilização ocidental, torna-se fundamental incentivar o domínio estético. O senso estético, o elemento que nos falta em nossa cultura teórica, é fundamental para fazer a ponte entre os instintos e a moral, ele é o mais eficaz instrumento da formação do caráter, porque é capaz de, por meio do desenvolvimento da sensibilidade, vencer a ênfase no intelectualismo. A formação das forças individuais não deve sacrificar a totalidade, por isso a educação do sentimento é a necessidade mais urgente de nosso tempo.

O que Schiller faz, diz Anatol Rosenfeld, é afirmar e ampliar o pensamento de Kant, para quem o estético é somente um plano intermediário entre a necessidade e a liberdade, ou entre a natureza e a moral. Schiller afirma o estético como a forma da conciliação do sensível e do moral: o estético não é apenas uma das dimensões do humano, mas deve estar presente em todos os níveis da existência; é a possibilidade do jogo, do impulso lúdico no ser humano, que tornaria possível harmonizar as forças opostas da natureza e da moralidade. Situado entre a necessidade da natureza e a liberdade da vontade, a missão do ser humano não seria submeter a natureza, o que em princípio parece impossível, mas afirmá-la, potencializá-la, a partir de uma inserção, equilibrada no todo.

A Revolução Francesa e seus desdobramentos marcaram de modo definitivo o pensamento de Schiller. A Revolução é um produto da razão e do esclarecimento, mas se perde, tornando-se algo excessivo e irracional. Schiller estava desgostoso com os

166 | Schiller e a educação estética

rumos da *Aufklärung*, a filosofia do esclarecimento que inspirou a Revolução Francesa, e que, por se sustentar no intelectualismo da cultura teórica, não foi capaz de levar o Estado a alcançar a liberdade e a racionalidade que se buscavam. A liberdade parece exigir um sujeito social capaz de dar conta dessa liberdade. A emancipação do ser humano envolve libertar-se das coerções do reino da necessidade em direção à instituição da liberdade.

A violência da Revolução deve ser pensada, diz Schiller, como um problema de ordem sobretudo estética. A questão da ordem estética estaria justamente em formar esse sujeito social capaz de alcançar a liberdade, por isso Schiller se dedica à educação, especialmente à educação estética do ser humano. O grande equívoco da Revolução e do Estado francês estaria em acreditar que poderia alcançar a liberdade política e civil sem antes se dedicar a formar esse cidadão. É preciso criar cidadãos para o Estado antes de criar o Estado para os cidadãos. Por isso, ele se dedica a pensar a educação estética; somente pelo desenvolvimento do senso estético a humanidade pode alcançar seu pleno desenvolvimento. O ser humano só é plenamente humano quando dá vazão ao impulso lúdico, fonte do equilíbrio entre o racional e o sensível.

O ideal estético elaborado por Schiller é, enfim, uma crítica ao rigorismo moral de Kant: o ser humano verdadeiramente culto não nega a sua natureza sensível, quer dizer, o triunfo moral não deve ser alcançado pela supressão dos impulsos, ao contrário, é somente afirmando os instintos, por meio da arte, que a moral pode efetivamente se dar. Não como imposição legal ou religiosa, não como coação, mas por meio da adoção orgânica e consentida de limites, que não existiriam para diminuir o ser humano, mas para potencializá-lo.

CAPÍTULO 15

Nietzsche e o niilismo da cultura: vontade de nada

> "Entre duas esferas absolutamente diferentes
> como o sujeito e o objeto não existe causalidade
> nem exatidão, mas uma relação estética, isto
> é, uma tradução balbuciante em uma língua
> totalmente estranha..."[1]

Para Nietzsche, Kant não empreendeu a verdadeira crítica porque não soube colocar o problema em termos de valor. Não importa o que a verdade é, mas aquilo que ela quer, as forças que move, os deslocamentos que produz, as formas de vida que cria. É na perspectiva dos valores que Nietzsche se refere ao pensamento e ao ser humano ocidental: foi um determinado querer que trouxe a civilização ocidental até aqui, uma vontade de negação da vida, uma reação; ao valorizar o Ser e não o devir, ao avaliar como mal o que muda, o instável, o múltiplo, o investimento civilizatório se concentrou na ilusão e não na verdade. Negamos a natureza,

---

1. Friedrich Nietzsche, "Sobre verdade e mentira no sentido extramoral", in *O Livro do Filósofo*.

168 | Nietzsche e o niilismo da cultura

lutamos para vencê-la, especialmente a natureza humana, no que diz respeito ao domínio dos instintos e paixões, da brutalidade, da selvageria. Em vez de nos aliarmos a essas forças, seduzindo-as para outras direções, a favor da ação, da criação e da vida, da experiência, como faziam os gregos com seu conceito de *agon*, a razão ocidental criou um ser humano que, sustentado por um modelo idealizado de vida, de mundo e de ser humano, luta contra si mesmo e teme a si mesmo. O humano se tornou seu próprio algoz, adoeceu seus instintos, porque os tem como inimigos; esse ser humano dividido que acredita que a cultura é uma oposição à natureza. Polarizado por uma razão que opõe – a razão opõe valores, precisa negar para poder afirmar –, o ser humano é um animal doente de si mesmo.

A ideia de verdade marcou a filosofia desde o seu nascimento. O pensamento filosófico é uma órbita em torno dessa ideia. Mas a ilusão, e não a verdade, é a condição de sobrevivência humana: "Vivemos, graças ao caráter superficial de nosso intelecto, numa ilusão perpétua: temos então para viver necessidade da arte a cada instante."[2] A arte é condição do intelecto. Toda percepção é uma escolha, uma perspectiva, existe em função de um foco, de um olhar. A arte nasce no espelho do olho, diz Nietzsche. E é nesse domínio da ficção que se encontra nossa capacidade de criar valores. O valor é uma perspectiva que adotamos como eixo de nossas ações, de modo que possamos nos organizar. O valor

---

2. Friedrich Nietzsche, *Fragmentos póstumos*, verão de 1872 – início de 1973, 19 (49).

A espécie que sabe | **169**

é aquilo que nos permite avaliar, mas o valor dos nossos valores ocidentais é niilista; o que a vontade quer é um outro tipo de vida.

E essa vontade de negação está presente desde o nascimento da linguagem. Em vez de se utilizar dos códigos como um modo de viver melhor, de afirmar a vida, a linguagem passou a sustentar a vontade de negação, por meio da criação de mundos imaginários que pudessem substituir este, com suas contradições e seus conflitos.

A importância da linguagem para o desenvolvimento da cultura está em que nela o homem estabeleceu um mundo próprio ao lado do outro, um lugar que ele considerou firme o bastante para, a partir dele, tirar dos eixos o mundo restante e se tornar seu senhor. Na medida em que por muito tempo acreditou nos conceitos e nomes de coisas como em *aeternae veritates* [verdades eternas], o homem adquiriu este orgulho com que se ergueu acima do animal: pensou ter realmente na linguagem o conhecimento do mundo. O criador da linguagem não foi modesto a ponto de crer que dava às coisas apenas denominações, ele imaginou, isto sim, exprimir com palavras o supremo saber sobre as coisas [...]. Muito depois – somente agora – os homens começaram a ver que, em sua crença na linguagem, propagaram um erro monstruoso.[3]

A linguagem, que é uma redução, uma simplificação do mundo por meio de signos, somente se tornou possível em função

---

3. Friedrich Nietzsche, *Humano, demasiado humano*, aforismo 11.

170 | Nietzsche e o niilismo da cultura

de nossa capacidade de ficção, mas essa capacidade criativa, inventiva, foi esquecida e o mundo inventado foi tido como aquele que é, como essência, como verdade. Foi somente graças à sua capacidade de esquecer que o ser humano chegou a desenvolver a linguagem. Esqueceu a pluralidade, a mudança, o tempo, e substituiu o mundo por um grupo de sinais, de signos. A linguagem, sustentada por um princípio de identidade, tornou-se a referência de duração que fundamentou a vontade de negação da vida e tornou-se a referência de realidade. Em vez de pensar a vida como *agon*, e a linguagem como identidade fictícia e necessária, ou seja, em vez de pensar a identidade como uma ferramenta que impõe duração ao que é móvel para nos potencializar diante da vida, a cultura ocidental passou a atribuir identidade à vida, e localizou o *agon* como erro. O lugar da cultura é a ilusão da duração e o medo da morte. É essa inversão que Nietzsche busca desfazer. E o lugar por excelência dessa inversão é a lógica; a lógica é um modelo excludente.

Considerando a estrutura lógico-gramatical do discurso, essa rede de sentidos imposta a qualquer tentativa de pensamento, Nietzsche considera:

> Todos os acontecimentos da natureza são, no fundo, inexplicáveis para nós: só podemos, de cada vez, constatar o cenário em que o drama propriamente dito se desenrola. Falamos então de causalidade, quando no fundo só vemos uma sucessão de acontecimentos. Que esta sucessão deva ser sempre produzida numa encenação determinada é uma crença que muitas vezes

se contradiz infinitamente. A lógica não é mais do que a escravatura nos laços da linguagem.[4]

A lógica quer fazer acreditar que seu lugar no pensamento não é produzir conteúdos, mas fornecer a forma geral dos pensamentos; a rigor, nunca diria nada, apenas forneceria as condições ideais do dizer. Mas a lógica gramatical não somente diz alguma coisa, como determina o que pode e o que não pode ser dito. Na interpretação de Nietzsche, a filosofia não conseguiu dar um passo além da gramática; toda filosofia é, em última instância, uma "filosofia da gramática".

O conhecimento acumulado na história é visto por Nietzsche como um sistema de órbitas preestabelecidas, que tem como função a manutenção da identidade, da duração, do sujeito. Na medida em que essa vontade de duração se institui como leis da linguagem, nada absolutamente poderá ser dito que não seja Ser, identidade, verdade. Funcionando como moldura para toda e qualquer tentativa de pensamento, de compreensão, essa linguagem metafísica chamada razão[5] reproduz invariavelmente seu próprio contorno.

Se a vida como *devir*, como *agon*, nos escapa, com seus excessos, a vida substituída pela linguagem, pela ideia, pelos conceitos é aquilo que nos permite estabelecer uma hierarquia de castas,

---

4. Friedrich Nietzsche, *Fragmentos póstumos*, verão-outono de 1873, 29 (8).
5. "Inserimo-nos em um fetichismo grosseiro quando trazemos à consciência os pressupostos fundamentais da linguagem metafísica: ou, em alemão, da *razão*" (Friedrich Nietzsche, "A razão na filosofia", in *Crepúsculo dos ídolos*).

172 | Nietzsche e o niilismo da cultura

de domínio, de exploração de uns por outros. Todo saber implica uma vontade de transposição, de criação e substituição de um processo por outro: o devir e a pluralidade são substituídos pela identidade, pela causalidade, pelo Ser.

A ideia do Ser, diz Nietzsche, como aquilo que é não nasce de uma argumentação, mas de uma necessidade psicológica de duração, é da indigência, não da força, que surge o modelo de ser humano e de pensamento que utilizamos. É na tentativa de negar o caráter transitório da vida que o pensamento ocidental produz a ideia de Ser, na vontade de produzir artificialmente uma estabilidade e uma unidade que absolutamente não temos em nosso dia a dia. E é em torno da noção de Ser que circula a filosofia metafísica. A noção de Ser como aquilo que *é* – o que é não vem a ser; o que vem a ser não é –, mais do que um conceito filosófico, tornou-se um fundamento do pensar metafísico, mas a metafísica é o fundamento da linguagem.

Utilizar a linguagem metafísica, a razão, diz Nietzsche no *Crepúsculo dos ídolos*, é projetar a identidade – "eu substância" – em todas as coisas. Isso implica que o mundo "se torne" um mundo de identidades observáveis, de "coisas", e é somente a partir daí que surge o conceito de coisa. Não somente de "coisas", mas de ações, ou seja, as "coisas" (identidades) são causas que originam outras "coisas", e assim por diante. A razão das coisas é sempre seu princípio, sua origem, em última instância, seu ser, sua verdade.

A metafísica resulta de um antropocentrismo imaginário: o ser humano projeta nas coisas aquilo que ele gostaria de ser ou imagina ser. "A crença fundamental", diz Nietzsche, "é a de que existem sujeitos." E este sujeito "fundamental", cujos atributos são "unidade, identidade, substância, causa", é projetado nas coisas, produzindo o mundo de coisas. O fetichismo da razão é a projeção de uma força subjetiva, autônoma e ordenadora, nas coisas. Dessa forma, o mundo não somente se torna ordenado, mas dirigido pelo sujeito. Identidade, substancialidade, causalidade, sujeito. Deus, linguagem são construções que se retroalimentam, que se autoimplicam, não somente entre si, mas com todos os outros valores produzidos pela racionalidade. Pensar qualquer coisa é remeter sempre ao emaranhado lógico-gramatical fundado por essas mesmas noções. Os conceitos não são configurações autônomas, distintas umas das outras; ao contrário, estão vinculados, atados uns aos outros pela lógica da identidade.

Mesmo o conceito Deus decorre da metafísica da linguagem. A ideia de Deus nada mais traduz do que, em uma única palavra, as ideias de causa, substância, identidade, unidade, ser. São as categorias lógicas que, ao reproduzirem incessantemente a ideia de Deus, garantem a perpetuação dos valores niilistas, ou seja, de negação da vida. São essas categorias que, em última instância, determinam a reatividade da linguagem. A lógica é a estrutura que permite e perpetua os valores de negação.

Chamamos de "explicação" quando falamos de causa e efeito; no entanto, nunca existiu tal coisa na realidade. O que há é um fluxo incessante de coisas, do qual isolamos algumas partes. Os acontecimentos na natureza são inexplicáveis para nós. O que marca a busca humana por conhecimento é a

174 | Nietzsche e o niilismo da cultura

impossibilidade do conhecimento verdadeiro, própria de um mundo marcado pelo devir. É essa impossibilidade que leva à criação da rede de fixações e sentidos, esta rede de ficções chamada lógica. O universo conceitual que o ser humano construiu, sustentado pela ordem do discurso, resulta não de uma constatação, de uma "verdade", mas de uma necessidade. O que Nietzsche busca mostrar é que esta "necessidade" é sintoma de um tipo de ser humano, o ser humano gregário, "doente de si mesmo", fraco. A escravidão da lógica é uma escravidão voluntária, como proteção contra aquilo que o ser humano acredita não poder enfrentar, a vida.

Excluir as contradições, opor valores e valorizar a identidade é viver em um mundo idealizado, onde vale não mais a vida, que é contradição constante, mas o modelo, a imagem. Em vez de afastar as contradições, deveríamos aprender a conviver com elas, e criar um pensamento capaz de dar conta dessa complexidade. Este é o grande paradoxo: somos uma eterna contradição, mas que não pode ser enunciada no discurso. A racionalidade é a vontade de substituição do mundo pela ideia, do corpo pelo pensamento, e nasceu de uma necessidade psicológica, do medo do desconhecido e da morte.

A linearidade do pensamento causal nos fez perder a noção da complexidade das coisas; raciocinamos de forma restrita, rasteira, a partir de uma linha, um fio que deve ser eternamente seguido; ao assumirmos uma linha interpretativa, esquecemos o mundo com suas múltiplas e complexas conexões, e tudo se torna raso, rasteiro, o que leva a um discurso restrito. Pensamos sempre dominados pela busca por causalidade, por uma vontade de encontrar um culpado, um responsável pelas perdas e dores que vivemos. Mas o fato é que perdemos, independentemente das causas, porque a vida é uma sequência de vida e morte, de ganhos e perdas.

Não há, desde Hume, nenhuma razão que permita afirmar a existência da causalidade na natureza, e nenhuma experiência pode dar-nos prova dela. Nem mesmo a física do século XX permaneceu fiel à ideia de causalidade; ao contrário, fala de uma revolução da causalidade. O conhecimento das causas, que são múltiplas e contraditórias, tornou-se um saber inútil. Não há uma origem, um ponto onde tudo começou, mas diversos encontros e desencontros, sem começo nem fim. Podemos identificar, pensando com Nietzsche, um campo no qual as coisas acontecem, mas não podemos prever nem controlar o modo como o acontecimento se dá, os agenciamentos que produz, os jogos. Na origem não há um princípio, mas uma guerra; forças combatem outras forças em busca de domínio. A vida é a criação e a manutenção de um domínio, o contrário é a morte. A vida é sempre uma luta em si mesma, um *agon*, como pensava Heráclito. Múltipla e rica, criativa, intensa e perigosa, mas que pode ser transbordante e alegre, é a luta, a vida.

No *Crepúsculo dos ídolos*, Nietzsche se dedica ao problema da razão, mostrando que a racionalidade resulta de uma negação socrática da vida. "Quais as idiossincrasias dos filósofos?", pergunta. "Sua falta de sentido histórico, seu ódio contra a representação mesma do vir a ser, seu egipcianismo. [...] Tudo que os filósofos tiveram nas mãos nos últimos milênios foram

176 | Nietzsche e o niilismo da cultura

múmias conceituais; nada de efetivamente vital veio de suas mãos. Eles matam, eles empalham quando adoram, estes senhores idólatras de conceitos."[6]

A racionalidade nascida com Sócrates é que produz esse processo de valorização dos conceitos,[7] esse egipcianismo. Ao fixar a pluralidade no conceito, ao valorizar o conceito em detrimento da pluralidade, a filosofia empalha e mumifica. Se todo conceito nasce da "identificação do não idêntico", toda crença na identidade é um processo de mumificação. Não foi o pensamento socrático que criou o conceito de verdade, que nasce juntamente com a linguagem, mas foi Sócrates, segundo Nietzsche, o primeiro a fazer da verdade e do conceito o alvo do pensamento, o bem.

> Foi o mais grosseiro erro que se cometeu, a verdadeira fatalidade do erro sobre a terra; nas formas da razão acreditaram encontrar um critério de realidade, quando apenas tinham nessas formas um meio para se tornarem senhores da realidade, para se equivocarem com a realidade de maneira inteligente.[8]

Portanto, a linguagem é, para Nietzsche, desde seu nascimento, metafísica; e a metafísica decorre de um aperfeiçoamento da linguagem. A razão é uma metafísica da linguagem. Linguagem

---

6. Friedrich Nietzsche, "A razão na filosofia", in *Crepúsculo dos ídolos*.
7. Diz Nietzsche – em *A filosofia na idade trágica dos gregos*, § 5 – que razão é um modo de "representação que procede por conceitos e combinações lógicas".
8. Friedrich Nietzsche, *Fragmentos póstumos*, primavera de 1888, 14 (153).

e razão são "aparelhos" de produzir duração. É a linguagem que "advoga" a favor do erro metafísico do ser; raciocinar é submeter o pensamento a esse sistema.

Nietzsche aponta para a necessidade de uma transvaloração dos valores; somente uma mudança no modo como o ser humano avalia permitiria uma cultura e um ser humano afirmativos. Não é negar a vida o alvo da cultura, é afirmá-la; o que o ser humano precisa é construir modos de ampliar sua relação com a vida, de vivê-la em sua plenitude. É assim que avalia a tragédia grega, ou a época trágica daquela cultura, quando a arte estava a serviço de fortalecer os seres humanos para que fossem capazes de se potencializar com o sofrimento. A arte, o domínio estético, a capacidade de ficção são nossa potência afirmativa, mas ela foi submetida à consciência e à verdade. Nietzsche afirma, então, um pensamento trágico, que se sustenta não na identidade, mas na mudança, e que, assim como a linguagem, pertence a dois domínios: de um lado, a forma apolínea, os signos, as palavras, as reduções e simplificações necessárias ao conceito, de outro e simultaneamente, o dionisíaco, o informe, o jogo excessivo de forças que invade a linguagem, suspendendo provisoriamente esses limites e reintegrando o ser humano à vida. Precisamos aprender a conviver com o simultâneo, avaliar uma coisa por diversas perspectivas, precisamos aprender a conviver com as diferenças, com as polaridades e tensões, com os conflitos e as contradições. Precisamos de um pensamento que nos impulsione e fortaleça.

CAPÍTULO 16

A educação e a vida[1]

Nietzsche é um filósofo que ama a vida e a arte, especialmente a música; o pensamento, diz ele, deve estar a favor da vida, e não o contrário; por isso não importa uma formação voltada para a erudição, que acumula e empilha dados, mas uma formação que tenha como alvo a cultura, e que nos facilite o acesso ao que a humanidade construiu de melhor, ao mesmo tempo que nos impulsione a continuar criando, produzindo cultura. A vida é sempre o alvo; viver melhor e mais intensamente. Mas os sistemas de ensino vivem de passado e memória e buscam formar um ser humano teórico, afastado das questões diárias, acumulando conhecimentos na maior parte das vezes inúteis. Restam sociedades onde os que se dedicam ao pensamento não têm conhecimento da vida prática, portanto, não sabem usá-los, e quem domina a vida prática ignora, no mais das vezes, as possibilidades do pensamento conceitual, e seus ganhos.

Nietzsche, no final do século XIX, faz uma crítica contundente dos sistemas de ensino, especialmente as universidades, uma crítica que permanece bastante atual. As instituições de

---

1. Cf. o belo livro de Rosa Dias, *Nietzsche educador*.

ensino, ele diz, estão isoladas em universos de conceitos que não consideram a vida; ao contrário, buscam substituí-la por uma intelectualidade abstrata e distante. O pensamento conceitual acumulado durante a história, em vez de se caracterizar pela coragem, pela ousadia, gira em torno de si mesmo, tendo como centro a busca pela imortalidade, pelo controle da natureza, pelo domínio do tempo e da vida. De um lado, o pensamento prático, voltado para o controle da exterioridade, tendo em vista o útil; de outro, o pensamento moral, vendendo ilusões: não ver, não ouvir, não saber. O que acabou gerando uma ciência obstinada e fragmentada que, incapaz de considerar o todo, terminou, hoje sabemos, nos levando à exaustão ambiental, social, humana, e que pode, em vez de controlar a vida, extingui-la. O ser humano moderno preferiu a cultura, e suas intrincadas relações, à vida. Mais do que isso, a cultura ocidental se sustenta em uma busca de substituição da vida pela ideia; o que a vontade de saber sempre buscou não foi a verdade, mas a ilusão.

A ausência de pensamento crítico, de experimentação, de inventividade em nossos sistemas de ensino, que se sustentam na passividade do estudante e no poder do professor – uma só boca que fala para muitos ouvidos e metade das mãos que escrevem –, faz com que a cultura, com seus agenciamentos e valores, seja ministrada às crianças em doses diárias não como uma construção humana, mas como natureza. Tratamos a cultura, que é sempre produto de relações de poder, como algo natural, próprio da vida e do ser humano. A cultura como natureza e a história administrada como verdade. Aprendemos determinados conceitos,

A espécie que sabe | **181**

que nos chegam prontos, mas não somos estimulados a elaborar, inventar, construir conceitos e relacioná-los.

É preciso aprender a pensar, diz Nietzsche, pensar é uma atividade que exige aquisição de uma técnica, assim como na dança. É preciso aprendê-la, exercitá-la, até adquirir a sofisticação de um mestre, de um bailarino. O pensamento é um tipo particular de dança, por isso esta deve estar presente em toda educação refinada, para que os jovens aprendam a dançar com os pés, com as ideias e com as palavras. Nas escolas, e até mesmo nas universidades, ninguém tem ideia do que isso seja. A função do pensamento é afirmar a vida, é potencializá-la, e não construir uma vida paralela, feita de signos e imagens, uma vida sem corpo. Resgatar o valor da vida é o alvo, e isso implica retomar o corpo; não o corpo idealizado dos anúncios, mas o corpo como parcela de vida que vibra, sente, pensa, quer, e que se relaciona com outras imensidades, outros quereres, que ora se potencializa, ora se enfraquece; um corpo que se relaciona com outros corpos, que se constitui nestas junções, por isso as respeita.

Aprender a pensar se o que está em questão em nossas ações diárias é a cultura, sujeita ao processo histórico e sempre comprometida com um conjunto de interesses, ou a vida, essa pluralidade que nos move, essa intensidade infinita, muito além do bem e do mal, e que um dia nos faltará; isto é uma necessidade, saber a que mestres estamos seguindo, a que forças. A vida é o único critério que pode ser usado, diz Nietzsche, como referência para a aquisição de valores, conceitos, perspectivas: Que importância isso tem para a vida? Um ganho de saber, de conhecimento, pode não ser

182 | A educação e a vida

um ganho de vida. É o que pensa Goethe, nesta frase citada por Nietzsche: "Abomino tudo aquilo que me instrui sem aumentar nem estimular imediatamente minha atividade."[2]

A pergunta fundamental a fazer talvez fosse: Considerando a cultura e seus saberes acumulados, quais, dentre estes tantos, servem como um estímulo à vida? E quais a substituem por um conjunto de códigos e imagens? Quais saberes pasteurizam, enfraquecem, degeneram a vida? E que tipo de saber a potencializa? O valor de um pensamento não está no quanto de conhecimento permite, mas na quantidade de vida que provoca. O método histórico é mais fácil e mais cômodo para o professor, especialmente porque exige pouco do aluno, mas a cultura, diz Nietzsche, começa justamente quando se começa a tratar o vivo como vivo; e a função do mestre é a repressão do excessivo interesse histórico que por todo lado parece grassar.

Retomar a potência criativa do pensamento é a saída, resgatar o prazer de ver uma questão a partir de diferentes perspectivas, olhá-la cuidadosamente, perceber o que manifesta e o que oculta, onde se desdobra, antes de emitir um valor. Em vez disso, como franco-atiradores, lançamos juízos rasos e maniqueístas sobre o mundo, o outro, nós mesmos, a vida, e nos tornamos as maiores vítimas dessas avaliações.

Desde muito cedo, ainda quando cursava o ensino médio, Nietzsche, um estudante extremamente dedicado, sonhava com

---

2. Friedrich Nietzsche, *Segunda consideração intempestiva: da utilidade e desvantagem da história para a vida.*

uma educação que não se afastasse da vida, e se protegia do rígido sistema em que estudava: "Preservei minhas aspirações e meus gostos particulares, vivi no culto secreto de algumas artes, esforcei-me em quebrar o rigor de uma rotina inflexível, entregando-me à busca exacerbada do saber universal e de suas alegrias."[3]

Aos 24 anos é convidado para ser professor de Filologia Clássica na Universidade de Basileia, na Suíça. Um ano antes tinha escrito: "Meu objetivo é tornar-me um mestre verdadeiramente prático, e, antes de tudo, despertar nos jovens a reflexão e a capacidade crítica pessoal, indispensável para que eles não percam de vista o porquê, o quê e o como de uma ciência."[4] Mas logo se decepciona com a universidade; não conseguia aceitar as excessivas especializações, que terminavam com a perda da noção do todo, e detestava o hábito de acumular conhecimentos, na maioria das vezes muito pouco elaborados, apenas repetições. "Não há na universidade lugar para um indivíduo radicalmente autêntico, e nada de verdadeiramente revolucionário poderá ter aí seu ponto de partida."[5]

O sistema de ensino da época, que permanece ainda hoje, buscava formar o ser humano teórico, aquele que separa vida e pensamento. Então Nietzsche sonha em criar uma universidade livre, na qual cada um pudesse educar a si mesmo e que concebesse o professor como alguém que deve criar condições para que o educando se tornasse seu próprio educador. Para se transformar, a

---

3. Friedrich Nietzsche, citado por Rosa Dias em *Nietzsche educador*, p. 23.
4. *Ibidem*, p. 26.
5. *Ibidem*, p. 32.

184 | A educação e a vida

humanidade precisa da educação, mas de uma educação fundada no cultivo de si, o que implica em construir a si mesmo, em tornar sua própria vida uma obra de arte.

> Ninguém poderá construir em seu lugar as pontes que precisarás passar para atravessar o rio da vida, ninguém exceto tu, somente tu. Existem, por certo, inúmeras verdades, e pontes, e semideuses que se oferecerão para levar-te do outro lado do rio; mas isso te custaria a tua própria pessoa, tu te hipotecarias e te perderias. Existe no mundo um único caminho por onde só tu podes passar. Para onde leva? Não perguntes, segue-o.[6]

Chamamos de "pessoal" um valor que nos foi sofisticadamente induzido, defendemos causas que não sabemos direito quais são. Ser estimulado, orientado para que possa educar a si mesmo é um modo de desenvolver a autonomia moral e intelectual dos alunos. Em vez de valorizar a potência de cada um, a escola se relaciona com os alunos como massa, como grupo, não como indivíduos, a que deve adquirir, de modo passivo e disciplinado, um corpo preestabelecido de conhecimentos.

Nietzsche foi um excelente professor, reconhecido por seus alunos, como consta deste depoimento:

> Minhas relações pessoais com Nietzsche duraram dez anos (de 1869 a 1879). O mesmo olhar de veneração que quando ainda

---

6. Friedrich Nietzsche, *Consideração intempestiva: Schopenhauer educador.*

A espécie que sabe | **185**

adolescente de 17 anos punha sobre o mestre genial, cuja presença me era tão estimulante, eu o poria mais tarde sobre ele, sempre que tinha a felicidade de encontrá-lo em meu caminho. [...] Sua maneira de se dirigir aos alunos nos era absolutamente nova, e despertava em nós o sentimento de nossa própria personalidade. Soube, desde o início, estimular-nos para que tivéssemos um maior interesse pelo estudo, talvez mais ainda de maneira indireta, pelo seu saber e pelo exemplo [...] ele não nos considerava em bloco, como uma classe ou um rebanho, mas como jovens individualidades.[7]

Como um professor pode se contentar em dar aulas na lousa enquanto os alunos passivamente ouvem ou copiam? A aprendizagem exige atividade, exige ação. Um aprendizado não acontece de fato se não implicar o aprendiz, se não o envolver de alguma maneira. E Nietzsche também não aceita o fato de a escola viver de passado e memória, o que se evidencia na utilização excessiva da história nas formações curriculares e na quase total ausência de um estudo do presente. Ao se deter demasiadamente no passado, as formações escolares despotencializam o viver.

O ser humano deve aprender a viver e se utilizar da história quando for a serviço da vida. O excesso de história paralisa a vida. Os filósofos gostam de mumificar tudo que amam, arrastar de um lado para outro múmias conceituais enquanto a vida escapa. O verdadeiro sentido histórico resulta da compreensão do processo,

---

7. Depoimento de Louis Kelterborn, in Rosa Dias, *Nietzsche educador*, p. 51.

186 | A educação e a vida

ou seja, da transformação a que as coisas estão submetidas, mas eles detestam o devir, o tempo, e acreditam honrar uma causa quando a mumificam. Em uma formação excessivamente fundada na história, o jovem não aprende o sentido vivo da cultura e da vida, que acontece diariamente diante dele, com ele; isso significa que não aprenderá por meio de suas próprias experiências; a cultura lhe será administrada sob a forma de conceitos, e não de ação. Jovens, cheios de vida, no auge de suas potencialidades, isolados em salas fechadas, em um espaço onde sua iniciativa é desvalorizada (depois atribuem ao desinteresse dos alunos, à juventude desinformada, um fracasso que é da escola). A vida é um verbo que deve ser conjugado no presente.

Uma questão central para Nietzsche na formação não do erudito, mas do ser humano culto, ou seja, não daquele que acumula dados na memória, mas daquele que tem acesso ao mais vivo, ao melhor que a humanidade produziu, é o aprendizado da língua materna. Ao ginásio, ele diz, falta até mesmo o primeiro objeto de estudo, o mais simples, com o qual começa uma verdadeira cultura, a língua materna; por isso mesmo, falta o solo natural e fecundo para todos os esforços no sentido de uma formação para a cultura. Para ele, aprender a língua em sua complexidade, assim como se dedicar à arte de escrever, é fundamental para o pleno desenvolvimento do pensamento argumentativo, da sensibilidade, do estilo em crianças e jovens. Mesmo o sentido estético depende de um bom desenvolvimento da língua, ou melhor, de uma boa formação linguística, porque nela está o germe da cultura. As três grandes tarefas para as quais necessitamos de educadores são:

aprender a pensar, como já havíamos dito, mas também aprender a falar, e aprender a ler e a escrever; o fim destas três coisas é uma cultura afirmativa, sofisticada e forte, composta por seres autônomos, que encontram no limite não uma imposição desnecessária, mas um modo de intensificação das forças, de potencialização.

O pensamento do corpo, dos gestos, o pensamento imediato, sem articulação de conceitos, palavras, esse é próprio do ser humano, mas o pensamento verbal não faz parte de estruturas inatas, ele é adquirido. Portanto, é preciso aprender a pensar, a desenvolver as estruturas do pensamento, a capacidade de generalizar, recordar, sintetizar, formar conceitos e relacioná-los, em outras palavras, raciocinar logicamente; mas também a capacidade de ficar admirado e perplexo, de duvidar, de criticar, de se indignar, de considerar a existência do outro, de argumentar, de debater, de sentir, de experimentar e de desdobrar estas experiências em pensamento e palavras. O desenvolvimento do pensamento verbal está diretamente relacionado com a aquisição da linguagem.

Preservar e fortalecer a riqueza e a dignidade da língua materna, por meio do pleno uso de seus recursos, é uma necessidade. Uma linguagem medíocre produz um universo conceitual também reduzido, o que se traduz em um empobrecimento das ferramentas conceituais produzidas pela cultura. Um pensamento rasteiro, restrito, não pode dar conta da complexidade trazida pelas novas aquisições tecnológicas, nem aproveitar os benefícios, nem se defender dos abalos sísmicos que provoca.

Mas o pensamento argumentativo, conceitual, que a filosofia nos permite, não é suficiente para o pleno desenvolvimento dos jovens.

188 | A educação e a vida

Ao contrário, o excesso de intelectualidade deve ser evitado e chega a ser mesmo um perigo para o autodesenvolvimento. É por meio da arte que podemos limitar a necessidade de saber a qualquer custo.

As tumultuadas transformações que vivemos, especialmente as que vieram junto com as inovações tecnológicas, nos exigem competências que estão distantes de nossos modelos escolares. Enquanto aprendemos a pensar linearmente, os problemas que nos chegam se organizam em rede, e nos afetam diretamente e de forma múltipla. Como afirma Edgar Morin: "Há uma inadequação cada vez mais ampla, profunda e grave entre os saberes separados, fragmentados, compartimentados entre disciplinas, e, por outro, realidades ou problemas cada vez mais transversais, multidimensionais, transnacionais, globais, planetários."[8]

Os desafios contemporâneos nos impõem questões cada vez mais complexas. Precisamos admitir que os meios não são mais os mesmos, vivemos em rede, a palavra mais pronunciada é, provavelmente, conexão. Mas professores e alunos continuam apertando botões na linha de montagem de uma fábrica em extinção. É sem precedente falar sobre este universo que nasce e tentar imaginar qual será a estrutura gramatical capaz de dar conta destes infinitos discursos, no qual a verdade, a identidade, a causa, tão caras à ciência, se tornaram sinônimo de nada, perderam o valor. Assistimos ao nascimento de um novo modelo de mundo, sem grandes valores

---

8. Edgar Morin, *A cabeça bem-feita: repensar a forma, repensar o pensamento*, p. 13.

A espécie que sabe | **189**

fixos e eixos centrais, se compondo como uma imensa rede sem centro, com múltiplas conexões, compostas de uma infinidade de jogos e saberes, que se aglutinam e se afastam, que se estendem.

Torna-se urgente retomarmos a difícil complexidade que é viver, pensar, criar, conhecer. Todas as coisas se relacionam, não há nada realmente isolado, cada gesto produz desdobramentos incalculáveis; um saber, uma escola, uma pessoa não existe sem um contexto, mas as ferramentas de que dispomos no exercício cotidiano do pensamento nos impõem a exclusão, a oposição de valores, a busca por identidade, a negação da contradição e a substituição da vida pela palavra, pelos signos, pelas imagens. Construir sempre novos valores é a tarefa de uma cultura afirmativa, manter a potência criativa do pensamento, em vez de se submeter a perspectivas que se cristalizaram protegidas pela crença na verdade. O pensamento conceitual e a moral devem assumir que por trás de todas as perspectivas, de todos os valores, existe um ser humano que cria.

Em seu livro *Cartas sobre a educação estética da humanidade*, Schiller afirma que somente o desenvolvimento do senso estético, por sua capacidade de compor, de relacionar o particular ao geral, pode nos fazer reunir o que a racionalidade separou. Um pensamento mais amplo, que seja capaz de dar conta de nossa necessidade de conhecer, mas que também considera nossa necessidade de querer e nossa liberdade de sentir, é o caminho. Um pensamento que não nos obrigue a excluir, que não nos coloque em oposição a nós mesmos, um pensamento que agregue, conecte, reúna os muitos pedaços que somos, ou melhor, nos tornamos, nesta cultura do fragmento que hoje, felizmente, desaba.

Anexo

Anexo

CONSIDERAÇÃO INTEMPESTIVA

Schopenhauer educador[1]

Friedrich Nietzsche

1.

Ao ser perguntado que natureza encontrou nos homens em todos os lugares, o viajante que viu muitos países e povos e vários continentes respondeu: eles têm uma propensão à preguiça. Alguns acharão que ele teria respondido com mais justeza e razão: todos são timoratos. Eles se escondem atrás de costumes e opiniões. No fundo, todo homem sabe muito bem que não se vive no mundo senão uma vez, na condição de único [*als ein Unicum*], e que nenhum caso, por mais estranho que seja, combinará pela segunda vez uma multiplicidade tão diversa neste todo único que se é [*Einerlei*]: ele o sabe, mas esconde isso como se tivesse um remorso na consciência – por quê? Por medo do próximo que exige esta convenção e nela se oculta. Mas o que obriga o indivíduo a temer o seu vizinho, a pensar e agir como animal de rebanho e não se

---

1. Publicado originalmente em *Escritos sobre a educação*, com tradução de Noéli Correia de Melo Sobrinho, pp. 161-166.

194 | Schopenhauer educador

alegrar consigo próprio? Em alguns muito raros, talvez o pudor. Mas na maioria dos indivíduos, é a indolência, o comodismo, em suma, esta propensão à preguiça da qual falava o viajante. Ele tem razão: os homens são ainda mais preguiçosos do que timoratos e temem antes de tudo os aborrecimentos que lhes seriam impostos por uma honestidade e uma nudez absolutas. Somente os artistas detestam este andar negligente, com passos contados, com modos emprestados e opiniões postiças, e revelam o segredo, a má consciência de cada um, o princípio segundo o qual todo homem é um milagre irrepetível; somente eles se atrevem a nos mostrar o homem tal como ele propriamente é, e tal como ele é único e original em cada movimento dos seus músculos, e mais ainda, que ele é belo e digno de consideração segundo a estrita coerência da sua unicidade, que é novo e incrível como todas as obras da natureza e de maneira nenhum tedioso. Quando o grande pensador despreza os homens, é a preguiça destes que ele despreza, pois é ela que dá a eles o comportamento indiferente das mercadorias fabricadas em série [*Fabrikwaare*], indignas de contato e ensino. O homem que não quer pertencer à massa só precisa deixar de ser indulgente para consigo mesmo; que ele siga sua consciência que lhe grita: "Sê tu mesmo! Tu não és isto que agora fazes, pensas e desejas."

Toda alma jovem ouve esse apelo dia e noite, e estremece; pois ela pressente a medida de felicidade que lhe é destinada de toda eternidade, quando pensa na sua verdadeira emancipação: felicidade à qual de nenhum modo alcançará de maneira duradoura enquanto permanecer nas cadeias da opinião corrente e do medo. E como pode ser desesperada e desprovida de sentido a vida sem essa libertação! Não existe na natureza criatura mais sinistra e mais repugnante do que o homem que foi despojado do seu próprio gênio e que se extravia agora a torto e a direito, em todas as direções. Afinal, não se tem mesmo o direito de atacar um homem assim, pois ele existe somente fora de seu eixo, como fantasia frouxa, tingida e gasta, como um espectro sarapintado que não pode inspirar medo e menos ainda compaixão. E mesmo que se diga, com razão, do preguiçoso, que ele mata o tempo, será preciso também ocupar-se seriamente, de uma vez para sempre, com matar o tempo de uma época que coloca sua salvação nas opiniões recebidas, quer dizer, nos vícios privados; em outras palavras, é preciso apagar este tempo da história da autêntica emancipação da vida. Qual não seria a aversão das gerações futuras, quando tivessem de se ocupar com a herança deste período, em que não são os homens vigorosos que governam, mas os arremedos de homem, os intérpretes da opinião. Esta é a razão por que nosso século passará, talvez, para uma longínqua posteridade, como o momento mais obscuro e desconhecido, como o período mais inumano da história. Quando percorro as novas ruas das nossas cidades, ponho-me a pensar que, no espaço de um século, nada restará de pé destas casas horrorosas que construiu para si a raça dos conformistas da opinião, e quando então as opiniões desses construtores serão destruídas elas também. Que esperança, pelo contrário, deveria animar todos aqueles que não se sentem cidadãos deste tempo, pois se o fossem, contribuiriam para matar sua época e soçobrar com ela – embora quisessem somente despertá-la para a vida, a fim de viver eles próprios nesta mesma vida.

Mas, ainda que o futuro nos deixasse qualquer esperança, a singularidade da nossa existência neste momento preciso é o que nos

196 | Schopenhauer educador

encorajaria mais fortemente a viver segundo a nossa própria lei e conforme a nossa própria medida: quero falar sobre este fato inexplicável de vivermos justamente hoje, quando dispomos da extensão infinita do tempo para nascer, quando não possuímos senão o curto lapso de tempo de um hoje e quando é preciso mostrar nele por que razões e para que fins aparecemos exatamente agora. Temos de assumir diante de nós mesmos a responsabilidade por nossa existência, por conseguinte, queremos agir como os verdadeiros timoneiros desta vida, e não permitir que nossa experiência pareça uma contingência privada de pensamento. Esta existência quer que a abordemos com ousadia e também com temeridade, até porque, no melhor ou no pior dos casos, sempre a perderemos. Por que se agarrar a este pedaço de terra, a esta profissão, por que dar ouvidos aos propósitos do vizinho? É igualmente provinciano jurar obediência a concepções que, em centenas de outros lugares, não obrigam mais. O Ocidente e o Oriente são linhas imaginárias que alguém traça com um giz diante dos nossos olhos para enganar a nossa pusilanimidade. Vou tentar alcançar a liberdade, diz para si a jovem alma. Não obstante, seria ela disso impedida pelo fato de o acaso querer que duas nações se odeiem e entrem em guerra, ou pelo fato de um mar separar dois continentes, ou pelo fato ainda de se ensinar em torno dela uma religião que já não existia há milhares de anos? Tu não és propriamente nada disso, diz ela para si. Ninguém pode construir no teu lugar a ponte que te seria preciso tu mesmo transpor no fluxo da vida – ninguém, exceto tu. Certamente, existem as veredas e as pontes e os semideuses inumeráveis que se oferecerão para te levar para o outro lado do rio, mas somente na medida em que te vendesses inteiramente: tu te colocarias como penhor e perderias. Há no mundo um único caminho sobre o qual ninguém, exceto tu, poderia trilhar. Para onde leva ele? Não perguntes nada, deves seguir este caminho. Quem foi então que anunciou este princípio: "Um homem nunca se eleva mais alto senão quando desconhece para onde seu caminho poderia levá-lo?"

Mas como nos encontrar a nós mesmos? Como o homem pode se conhecer? Trata-se de algo obscuro e velado; e se a lebre tem sete peles, o homem pode bem se despojar setenta vezes das sete peles, mas nem assim poderia dizer: "Ah! Por fim, eis o que tu és verdadeiramente, não há mais o invólucro." É também uma empresa penosa e perigosa cavar assim em si mesmo e descer à força, pelo caminho mais curto, aos poços do próprio ser. Com que facilidade, então, ele se arrisca a se ferir, tão gravemente que nenhum médico poderia curá-lo. E, além disso, por que seria isso necessário, se tudo carrega consigo o testemunho daquilo que somos, as nossas amizades e os nossos ódios, o nosso olhar e o estreitar da nossa mão, a nossa memória e o nosso esquecimento, os nossos livros e os traços da nossa pena? Mas esse é um meio de determinar o interrogatório essencial. Que a jovem alma se volte retrospectivamente para sua vida e faça a seguinte pergunta: "O que tu verdadeiramente amaste até agora, que coisas te atraíram, pelo que tu te sentiste dominado e ao mesmo tempo totalmente cumulado? Faz passar novamente sob teus olhos a série inteira desses objetos venerados, e talvez eles te revelem, por sua natureza e por sua sucessão, uma lei, a lei fundamental do teu verdadeiro eu. Compare esses objetos, observe como eles se completam, crescem, se superam, se transfiguram mutuamente, como formam uma escala graduada através da qual até agora te elevaste até

198 | Schopenhauer educador

o teu eu. Pois tua essência verdadeira não está oculta no fundo de ti, mas colocada infinitamente acima de ti, ou pelo menos daquilo que tomas comumente como sendo teu eu. Teus verdadeiros educadores, aqueles que te formarão, te revelarão o que são verdadeiramente o sentido original e a substância fundamental da tua essência, algo que resiste absolutamente a qualquer educação e a qualquer formação, qualquer coisa em todo caso de difícil acesso, como um feixe compacto e rígido: teus educadores não podem ser outra coisa senão teus libertadores". E eis aí o segredo de toda formação, ela não procura os membros artificiais, os narizes de cera, os olhos de cristal grosso; muito pelo contrário, o que nos poderia atribuir estes dons seria somente uma imagem degenerada desta formação. Ao contrário, aquela outra educação é somente libertação, extirpação de todas as ervas daninhas, dos dejetos, dos vermes que querem atacar as tenras sementes das plantas, ela é efusão de luz e calor, o murmúrio amistoso da chuva noturna; ela é limitação e adoração da natureza no que esta tem de maternal e misericordioso, ela consuma a natureza quando, conjurando os acessos impiedosos e cruéis, os faz levar a bom termo, quando lança o véu sobre suas intenções de madrasta e as manifestações de sua triste cegueira.

Certamente, existem outros meios de se encontrar a si mesmo, de escapar do aturdimento no qual nos colocamos habitualmente, como envoltos numa nuvem sombria, mas não conheço coisa melhor do que se lembrar dos nossos mestres e educadores. E por isso que vou lembrar hoje o nome do único professor, o único mestre de quem eu posso me orgulhar, Arthur Schopenhauer, para só me lembrar de outros mais tarde.

POSFÁCIO

Busquei mostrar neste livro a relatividade do formato a que submetemos nossa capacidade de pensamento e de linguagem, nossa inteligência. A racionalidade é um modo de ordenação moral, marcado pela polaridade entre bem e mal, e não um discurso isento, reto, capaz de atingir a verdade. A régua que separa o que se estabelece como bem e mal, como verdade, está nas mãos de quem domina. A racionalidade cartesiana é a mãe de toda exclusão.

Com o advento das novas tecnologias no final do século XX, a relatividade da verdade e a limitação das chamadas linhas de raciocínio foram expostas nas complexas modalidades de comunicação e linguagem que surgem. Passamos a viver a era da pós-verdade, o que levou a uma desestruturação do edifício conceitual que havia até então – nos aproximamos do caos.

O que este pequeno livro busca é estimular novos modos de pensamento. Não digo novos conceitos, novos conteúdos para o pensamento. Falo em novas formas, novas modalidades do pensar, que não se reduzam ao discurso lógico-causal, como as que já estão presentes em alguns jogos que exigem uma leitura do ambiente, da exterioridade da narrativa, de seus atravessamentos.

Ao reler o prefácio deste *A espécie que sabe*, compreendo que ali já havia apontado as questões centrais do nosso contemporâneo, ocasionadas pela queda da estrutura conceitual moderna, de suas promessas de futuro, que resultaram antes de tudo na exaustão ambiental e suas drásticas consequências, no aumento das desigualdades sociais, da extrema pobreza mas também, e muito gravemente, no adoecimento psíquico da população mundial.

É, portanto, preciso ainda ressaltar algo. Michel Foucault, um dos principais pensadores a colocar em questão o poder, se refere ao poder repressivo, que controla corpos por meio da força. Mas as tecnologias do poder começam, enfim, a perceber que é mais barato criar fracos do que punir os fortes. Nasce, então, o que ele chama de poder disciplinar, que sustenta a formação humana, não apenas escolar, mas social, civilizatória, e que nos quer fracos, dependentes, doentes.

Insisto nessa chave interpretativa do contemporâneo fornecida por Foucault, pois o adoecimento psíquico, a proliferação dos psicodiagnósticos e o uso cada vez maior de medicações psiquiátricas, além do absurdo aumento do índice de suicídios entre jovens e crianças, me parecem evidenciar este triste cenário.

Uma razão viva, alegre, aberta ao ambiente, à exterioridade, fundada na busca por estabilidade, mas na certeza de que sempre será provisória, é o alvo. Damos então as boas-vindas aos novos formatos para o pensamento, formatos capazes de contemplar as diferenças, as contradições, as mudanças. Precisamos aprender a andar em cordas bambas.

Viviane Mosé
Agosto de 2024

REFERÊNCIAS BIBLIOGRÁFICAS

ARISTÓTELES. *Metafísica*. Tradução de Viviane de Castilho Moreira. Petrópolis: Editora Vozes, 2024.

BARROS FILHO, Clóvis de. et ali. *Política: nós também sabemos fazer*. Prefácio de Mario Sergio Cortella. Petrópolis: Vozes Nobilis, 2018.

BARTHES, R. *Mitologias*. Tradução de Rita Buongermino e Pedro de Souza. Rio de Janeiro: Difel, 2009.

BATAILLE, G. *O erotismo*. Tradução de João da Costa. Lisboa: Antígona, 1988.

BORNHEIM, G. *Introdução ao filosofar: o pensamento filosófico em bases existenciais*. São Paulo: Globo, 1983.

CASSIN, B. *Ensaios sofísticos*. Tradução de Lúcia de Oliveira e Lúcia Cláudia Leão. São Paulo: Siciliano, 1990.

_____. *Aristóteles e o logos: contos da fenomenologia comum*. Tradução de Luis Paulo Rouanet. São Paulo: Loyola, 1999.

CASSIRER, E. *Ensaio sobre o homem*. Tradução de Tomás Bueno. São Paulo: Martins Fontes, 1994.

_____. *Linguagem e mito*. Tradução de J. Guinsburg. São Paulo: Perspectiva, 2003.

202 | Referências bibliográficas

CHATELET, F. *História da filosofia*. Vol. I-VIII. Rio de Janeiro: Zahar, 1973.

_____. *Uma história da razão*. Rio de Janeiro: Zahar, 1994.

CHAUI, M. *Introdução à filosofia*. Vol. I. São Paulo: Companhia das Letras, 2002.

DASTUR, F. *A morte: ensaio sobre a finitude*. Tradução de Maria Teresa Pontes. Rio de Janeiro: Difel, 2002.

DELEUZE, G. *A filosofia crítica de Kant*. Tradução de Geminiano Franco. Lisboa: Edições 70, 1991.

DELEUZE, G.; GUATTARI, F. *O que é filosofia?* Tradução de Bento Prado Júnior. Rio de Janeiro: Editora 34, 1992.

_____. *Nietzsche e a filosofia*. Tradução de Antônio Magalhães. Porto: Rés Editora, s./d.

DESCARTES, R. *Obra escolhida*. Tradução de J. Guinsburg e Bento Prado Júnior. São Paulo: Difel, 1962.

DIAS, R. *Nietzsche educador*. Rio de Janeiro: Scipione, 1991.

FERRAZ, M. C. F. *Platão e as artimanhas do fingimento*. Rio de Janeiro: Relume-Dumará, 1999.

FOUCAULT, M. *História da loucura*. São Paulo: Perspectiva, 1996.

_____. "A loucura, a ausência da obra". In: *Ditos e escritos*. Vol. I. Rio de Janeiro: Forense Universitária, 2010.

_____. "Nietzsche, a genealogia e a história". In: *Ditos e escritos*. Vol. II. Rio de Janeiro: Forense Universitária, 2013.

_____. "Prefácio à transgressão". In: *Ditos e escritos*. Vol. III. Rio de Janeiro: Forense Universitária, 2015.

GOETHE, J. W.; SCHILLER, F. *Companheiros de viagem*. Tradução de Claudia Cavalcanti. São Paulo: Nova Alexandria, 1993.

A espécie que sabe | **203**

GRIMAL, P. *Dicionário de mitologia grega*. Tradução de Victor Jabouille. Rio de Janeiro: Bertrand, 1993.

GUSDORF, G. *Mito e metafísica*. São Paulo: Convívio, 1979.

HAAR, M. *Nietzsche et la métaphysique*. Paris: Gallimard, 1993.

HAUSER, A. *História social da arte e da literatura*. Tradução de Álvaro Cabral. São Paulo: Martins Fontes, 1995.

HERÁCLITO. *Os pré-socráticos*. Rio de Janeiro: Abril Cultural, s./d. (Os Pensadores.)

HESÍODO. *Os trabalhos e os dias*. Tradução de Mary Neves Lafer. São Paulo: Iluminuras, 1991.

_____. *Teogonia*. Tradução de Ana Lúcia Cerqueira e Maria Therezinha Lyra. Niterói: EdUff, 1996.

HOMERO. *Odisseia*. Tradução de Jaime Bruna. São Paulo: Cultrix, 1993.

_____. *Ilíada*. Tradução de Fernando Gomes. Rio de Janeiro: Ediouro, 1999.

HUME, D. *Investigações sobre o entendimento humano e sobre os princípios da moral*. Tradução de José Oscar Marques. São Paulo: Unesp, 2004.

JAEGER, W. *Paideia: a formação do homem grego*. Tradução de Artur M. Parreira. São Paulo: Martins Fontes, 1995.

KANT, I. *Crítica da faculdade do juízo*. Tradução de Valério Rohden e Antônio Marques. Rio de Janeiro: Forense, 1993.

_____. *Crítica da razão pura*. São Paulo: Martin Claret, 2009.

LEBRUN, G. *Sobre Kant*. Tradução de Rubens Torres Filho. São Paulo: Iluminuras, 1993.

204 | Referências bibliográficas

LEROI-GOURHAN, A. *O gesto e a palavra*. Vol. I e II. Lisboa: Edições 70, 1990.

LESKY, A. *A tragédia grega*. Tradução de J. Guinsburg. São Paulo: Perspectiva, 2003.

MACHADO, R. *Nietzsche e a verdade*. Rio de Janeiro: Rocco, 1985.

_____. *O nascimento do trágico: de Schiller a Nietzsche*. Rio de Janeiro: Zahar, 2006.

MONTAIGNE. *Ensaios*. Tradução de Rosa Freire d'Aguiar. São Paulo: Companhia das Letras, 2010.

MORIN, E. *O homem e a morte*. Tradução de Cleone Rodrigues. Rio de Janeiro: Imago, 1997.

_____. *A cabeça bem-feita: repensar a reforma, repensar o pensamento*. Tradução de Eloá Jacobina. Rio de Janeiro: Bertrand Brasil, 2000.

MOSÉ, V. *Nietzsche e a grande política da linguagem*. Rio de Janeiro: Civilização Brasileira, 2005.

NIETZSCHE, F. *Oeuvres philosophiques complètes*. Edição crítica organizada por G. Colli e M. Montinari. Paris: Gallimard, 1977.

_____. *Ecce homo*. Tradução de Paulo César de Souza. São Paulo: Max Limonad, 1985.

_____. *A genealogia da moral*. Tradução de Paulo César de Souza. São Paulo: Brasiliense, 1987.

_____. *Assim falou Zaratustra*. Tradução de Mário da Silva. Rio de Janeiro: Bertrand Brasil, 1989.

_____. *Além do bem e do mal*. Tradução de Paulo César de Souza. São Paulo: Companhia das Letras, 1992.

A espécie que sabe | **205**

_____. *O nascimento da tragédia.* Tradução de J. Guinsburg. São Paulo: Companhia das Letras, 1992.

_____. *A filosofia na idade trágica dos gregos.* Tradução de Maria Inês de Andrade. Lisboa: Edições 70, 1995.

_____. *Da retórica.* Tradução de Tito Cardoso e Cunha. Lisboa: Passagens, 1999.

_____. *O Livro do Filósofo.* Tradução de Ana Lobo. Porto: Rés Editora, 1999.

_____. *Cinco prefácios para cinco livros não escritos.* Tradução de Pedro Süssekind. Rio de Janeiro: 7Letras, 2000.

_____. *A gaia ciência.* Tradução de Paulo César de Souza. São Paulo: Companhia das Letras, 2001.

_____. *Humano, demasiado humano.* Tradução de Paulo César de Souza. São Paulo: Companhia das Letras, 2002.

_____. *O caso Wagner e Nietzsche contra Wagner.* Tradução de Paulo César de Souza. São Paulo: Companhia das Letras, 2002.

_____. *Segunda consideração intempestiva: da utilidade e desvantagem da história para a vida.* Tradução de Marco Antonio Casanova. Rio de Janeiro: Relume-Dumará, 2003.

_____. *A visão dionisíaca do mundo.* Tradução de Maria Cristina dos Santos de Souza e Marcos Sinésio Pereira Fernandes. São Paulo: Martins Fontes, 2005.

_____. *Crepúsculo dos ídolos.* Tradução de Paulo César de Souza. São Paulo: Companhia das Letras, 2006.

_____. *A sabedoria na época trágica dos gregos.* Tradução e organização de Fernando R. de Moraes Barros. São Paulo: Hedra, 2008.

_____. *Escritos sobre a educação*. 4ª ed. Tradução, apresentação e notas de Noéli Correia de Melo Sobrinho. Rio de Janeiro/São Paulo: PUC-Rio/Loyola, 2009.

_____. *Fragmentos póstumos*. Vol. V-VII. Tradução de Marco Antonio Casanova. Rio de Janeiro: Forense Universitária, 2012.

_____. *Humano, demasiado humano*. Vol. 1 e 2. Tradução de Paulo César de Souza. São Paulo: Companhia das Letras, 2017.

PARMÊNIDES. *Os pré-socráticos*. Rio de Janeiro: Abril Cultural, s./d. (Os Pensadores.)

PASCAL, B. *Pensées*. Paris: Folio, 2004.

PLATÃO. *A república*. Tradução de Ciro Mioranza. São Paulo: Escala, 2007.

_____. *O julgamento de Sócrates*. Tradução de Jaime Bruna, Libero Rangel de Andrade, Gilda Maria Reale Strazynski. Rio de Janeiro: Abril Cultural, s./d. (Os Pensadores.)

_____. *Parmênides*. Tradução de Maria José Figueiredo. Vila Nova de Gaia, Portugal: 2001.

ROSSET, C. *O real e seu duplo*. Tradução de José Thomaz Brum. São Paulo: L&PM, 1988.

SCHILLER, F. *Cartas sobre a educação estética da humanidade*. Tradução de Roberto Schwarz; introdução e notas de Anatol Rosenfeld. São Paulo: EPU, 1991.

_____. *Poesia ingênua e sentimental*. Tradução de Marcio Suzuki. São Paulo: Iluminuras, 1991.

_____. *Teoria da tragédia*. Tradução de Roberto Schwarz; introdução e notas de Anatol Rosenfeld. São Paulo: EPU, 1991.

SNELL, B. *A descoberta do espírito*. Tradução de Artur Morão. Lisboa: Edições 70, 1992.

VERNANT, J.-P. "A tragédia grega, problemas de interpretação". In: MACKSEY, R. & DONATO, E. (orgs.). *A controvérsia estruturalista*. São Paulo: Cultrix, 1976.

_____. *As origens do pensamento grego*. Tradução de Ísis Borges. Rio de Janeiro: Bertrand Brasil, 1992.

VERNANT, J.-P.; VIDAL-NAQUET, P. *Mito e tragédia na Grécia antiga*. Vol. II. Tradução de Anna Lia A. de Almeida Prado et ali. São Paulo: Brasiliense, 1991.

VIDAL-NAQUET, P. *O mundo de Homero*. Tradução de Jônatas Neto. São Paulo: Companhia das Letras, 2002.

Este livro foi composto na tipografia Minion Pro,
em corpo 11/16,9 pt, e impresso em
papel off-white no Sistema Cameron da
Divisão Gráfica da Distribuidora Record.